大家精要

慧远

蒋海怒 著

Huiyuan

陕西师范大学出版总社

图书代号 SK16N1037

图书在版编目（CIP）数据

慧远/蒋海怒著. —西安：陕西师范大学出版总社
有限公司，2017.5（2024.1重印）
（大家精要）
ISBN 978-7-5613-9054-2

Ⅰ.①慧…　Ⅱ.①蒋…　Ⅲ.①慧远（334—416）—
传记　Ⅳ.①B949.92

中国版本图书馆CIP数据核字（2017）第091551号

慧　远　HUIYUAN

蒋海怒　著

责任编辑	陈栁冬雪	
责任校对	郑若萍	
封面设计	张潇伊	
出版发行	陕西师范大学出版总社	
	（西安市长安南路199号　邮编710062）	
网　　址	http://www.snupg.com	
印　　制	永清县晔盛亚胶印有限公司	
开　　本	650 mm×930 mm　1/16	
印　　张	10	
字　　数	100千	
版　　次	2017年5月第1版	
印　　次	2024年1月第2次印刷	
书　　号	ISBN 978-7-5613-9054-2	
定　　价	45.00元	

读者购书、书店添货或发现印刷装订问题，请与本公司销售部联系、调换。
电话：（029）85303879　传真：（029）85307864　85303629

目　录

第 1 章

儒门寒士　游学求道

在我国的名山大川中，庐山以其清幽深邃的独特魅力而为古代文人学士所喜爱，它也是那些厌倦红尘的隐士所向往的"嘉遁"之山，它的隐逸文化气质也熏染和造就了很多怀抱自由意志的文化人。古谚有云："天下名山僧占多。"东晋时期的佛教高僧慧远受庐山的感召而栖止此山，其高远人格形象也给庐山增添了另一重魅力，以至于在他去世之后，人们提及庐山，大多谈及慧远。在中国文化史上，慧远和庐山已经连成一体。所以人们将其与庐山连称——庐山慧远。唐代诗人孟浩然即有如下千古名句："挂席几千里，名山都未逢。泊舟浔阳郭，始见香炉峰。尝读远公传，永怀尘外踪。东林精舍近，日暮但闻钟。"这里的"远公"，就是对慧远的敬称。然而，虽然慧远在庐山生活长达三十三年之久，但他并非庐山当地人，甚至也不是南方人，而是来自雁北的一名地道的"北人"。对于他这段纵贯南北中国的经历，人们用"翻飞朔野，栖息南山""江东龙藏，悉本雁门""雁门上人，创迹庐阜"这类语句来加以描述。

雁门僧

公元 334 年出生的慧远，恰逢一个苦难的"五胡乱华"时代。在这个时代，人祸和天灾交替而至，平民百姓朝不保夕。其时，西晋王朝南渡，北方进入"五胡十六国"时期。西晋王朝的建立，本来是"三国之乱"后的一个难得的喘息之机，但由于"八王之乱"，朝纲紊乱，北方的少数民族不断侵略汉族聚居区域，导致了"丧乱弥甚"的状况。慧远出生之时，正值少数民族羯族所创立的后赵国统治时期，并且从其出生一直到栖止庐山精舍，经历了前秦、后秦等少数民族"王朝"，见闻了石弘、石虎、符坚等数代王朝政治。这些王朝的国君，或庸碌无为，或残忍暴虐，或狂妄自大，没有一位符合儒家圣明君主的形象。可以说，慧远对当时北方的上层统治者是非常厌恶的，他也从未计划走"学而优则仕"这一古代知识分子的老路。除了政治的混乱，自然灾害也时常出现。据史书记载，当时自然灾害频繁发生，慧远的家乡并州经常出现蝗灾和饥馑，"草木和牛马毛皆尽"，人多饥乏，以至于鬻卖人口，寇贼流行，百姓又被流寇所杀，"流尸满河，白骨蔽野"，真是一幅乱世景象！在这个动乱的时代，普通百姓朝不保夕，找不到生活的出路，经济上也非常困难。这无疑对少年时代的慧远产生极大的影响，使他对人世的"无常"有深入骨髓的切身感受。

慧远出生之地为并州雁门郡楼烦县（今山西省原平市崞阳镇）。雁门，在中国文化记忆里，总是和战争、边境、险隘、胡人、严寒和荒凉联系在一起的。的确，从战国时期的赵国以来，雁门一直处于汉族聚居区域的边缘，也是胡人马蹄经常践踏的地方。慧远在此出生，其身世无疑也挟带了某种悲凉的色彩。如果我们到今天的崞阳镇，还能看到楼烦寺——它是为纪念慧远出生于此而建造的。这楼烦寺的存在表明虽然慧远所处的时期"代远难稽"，人们对其早年生活所知甚少，但是他依然受到当地百姓的纪念和崇敬。慧远的尊称有很多，使用最多的是"远公"，"雁门僧""楼烦大士"也是其中的两个。如唐代诗人杜牧即有"歌惭渔浦客，诗学雁门僧"之句，唐代诗僧灵澈《远公墓》诗亦云："空悲虎溪月，不见雁门僧。"到了宋代，诗僧怀悟亦将慧远"白莲结社"的情景描述为"楼烦大士麈篦尾，十七高贤争扣几"。这都是用出生地指代慧远。

关于慧远的家世，我们无法获得让人满意的信息。由于慧远是一个出家人，而出家人都以佛门为归宿，所以通常不会向人提起自己的身世，慧远也是如此。关于他的家庭状况，仅在《高僧传》中有"本姓贾氏，世为冠族"这样简单的八个字。"冠族"是一个身份象征，在魏晋南北朝时期，门第观念非常流行，人人都羡慕生于高门贵族的家庭，有一个冠族家庭背景是非常荣耀的事情。此外，家道的殷实也使得慧远后来不必在红尘世界中辗转求生，进而使得他皈依佛门成为可能。根据仅有的史料记载加上合理的推测，我们认为，慧远家族知识背景优异，是个书香门第。此外，慧远的父亲姓贾，是一位博通儒家经典的儒者。母令狐氏，也出身于知识分子家庭。慧远还有一个弟弟，这就是后来与慧远一起出家的慧持，他也是一位好学的书生。慧远有一个舅父，后来慧远和慧持曾经跟随这位舅父到一些大都市去学习。因而，在上述几种因素共同作用下，青年时期的慧远毫不费力地成为当时的知识精英了。

游学许、洛

身处这个战争和灾患交替的动乱时代，少年时代的慧远履行着一个古代知识分子的本分——刻苦学习。史载他"弱而好书，珪璋秀发"，显然是一个聪颖出众的青年书生形象。后赵的统治者石虎虽然是一个少数民族的征服者，但是他深知治国之道首在教化的道理，再加上他又非常崇敬汉族文化，于是在他的号召下，整个国家都提倡儒家经典的研习。在这种崇尚儒学的氛围中，慧远为了得到更多的文化知识，遂在十三岁那年与弟弟一起随同舅舅令狐氏离家访学，到当时的文化中心河南洛阳、许昌学习，钻研儒家经典。许、洛位处中原核心地区，浸润着两汉魏晋以来思想文化的流风余韵，也是当时两大学术思潮"经学"和"玄学"的集中地。慧远身处这样浓郁的文化氛围中，自然所获良多，加上他的博学和聪慧，很快就脱颖而出。史料记载，当时很多学识渊博的"宿儒"和前辈"先进"都非常叹服慧远极强的理解能力。至于具体的学习内容，根据他的传记中"博综六经，尤善庄老"的描述，我们得知慧远对儒家的"五经"以及道家《庄子》和《老子》皆有超越群伦的领悟能力。我们还注意到，此时的慧远逐渐显露了"名士风度"。由于中国文化传统一直主张"为人"与"为学"的统一，所以当时人们非常重视对"人"的认识，也流传着很多专门论述人的气质形象的篇章，时称"品藻人物"。这些论述侧重对人物的气象、风骨的勾勒，及对人物行事特征的描述。例如，就慧远而言，时人是这样加以鉴赏的：少年时"弱而好书，珪璋秀发"，成年的时候则"性度弘博，风鉴朗拔"，就是说其气度博大宏伟，风骨高洁。当其学佛之时，则"神明英越，机鉴遐深"。这几乎是当时对"名士"最高的评价了。

许、洛游学的经历带给慧远深刻的思想，也使他对人间事务有了更真切的体验。一方面，慧远发现，自己从儒家经书所习得的"修齐治平"的政治理想和现实政治的腐败和虚伪有着非常严重的冲突，儒家之道被当作政治统治的工具和束缚精神的牢笼。前面说过，当时北方少数民族政权后赵的统治者石虎致力于推广儒家思想，号召用"六经"治国。但是这种口号在更多情况下仅仅停留在标榜的层面，在实际治国过程中，他却穷奢极侈，劳役繁兴，畚锸相寻，干戈不息，刑政严酷，老百姓动见诛夷。百姓心中充满着恐惧，却又无处求取哀怜。统治者言行的极度反差和老百姓的艰难困苦，使得身处其境的慧远非常忧愤，同时也使他对儒家政治原则的有效性产生了怀疑。另外一方面，当他接触了老庄道家时，就觉得他们对儒家的批评是有道理的，从而判定儒家的政治道德学说是不切实际的"虚谈"。庄子和老子是作为儒家的批评者形象出现的，在他们的书中有大量针对儒家虚伪的仁义、烦琐的仪礼和扭曲的人性的批评，这些无疑很对慧远的胃口，所以他才"尤善庄老"。在实际行动上，对儒家理想的遗弃和对道家思想的推崇促使青年时代的慧远产生了一个大胆的想法。

他决定当一名隐士，这一年他二十一岁，刚过了弱冠之年。按照中国古代的家庭教育传统，男子二十岁需要行冠礼。行了冠礼标志着男子已经成年，必须开始履行一个成年男性的义务。但是因为慧远怀有上述理念，他觉得自己不应该融入那浑浊的人世。于是他决定追随当时声名远扬的隐士范宣子隐居。范宣子从小志向高洁，信奉儒家仁孝忠义的道德学说。据说范宣子的亲人去世后，他自己负土成坟，在亲人的墓旁搭起茅棚居住了很多年。此外，他看到当时官场的腐败，就决定不走仕途，不入"公门"。传说有一次他与另外一位大名士韩康伯一同乘车，在到达官府大门的时候，韩康伯试图引诱他进官府里，结果范宣子从车的后面跳下来，径自离开。由于范宣子不甘心随波逐流，所以他经常陷入饥贫之中，"闲居屡空"。即使如此，范宣子依然"以讲颂为业"，并且对儒家深奥的"三礼"之学有独到而精深的见解。由于他"少尚隐遁"，并且具备了孔子所说的"退而求其志""邦无道，则卷而怀之"的精神，一些志同道合的知识分子闻名而来，久而久之，范宣子的大名传播到大江南北。慧远从他人那里听到了范宣子的事迹，对其志向颇为景仰，更觉得志同道合，于是萌生了与范宣子"共契嘉遁"的美好想法，遂打算从黄河以北地区赶赴范宣子隐居的"江东"。可惜的是，后赵统治者石虎死亡，导致各路地方政权争权夺利，北方陷入连年的战乱之中，通往南方的道路也被阻塞。慧远与范宣子结庐江东，"共契嘉遁"的目标无法达到。

时代思想文化气象

慧远身处的后赵国虽然是一个少数民族政权，但是由于大多数国民是汉族，因此从文化地理的角度来看，后赵与当时退守在南方的东晋都属于同一个"文化中国"。在此"文化中国"范围内，中国历史上第一次出现了民族大融合、思想大解放、文化大交流的趋势。国家不兴诗家兴，政治的分裂和政权的更迭也带来了思想的自由和学术研究的繁荣。就时代思想文化气象而言，主要有三个方面：一是儒佛道三种思想体系都得到了充分的发展；二是综汇魏晋玄学成了当时的学术形态；三是佛教逐渐占据了时代思潮的首位，在玄学内部，也出现了从儒道玄学向佛教玄学转换的趋势。慧远先习儒，"博综六经"；后习道，"尤善庄老"；最后归宗佛门，将当时的儒道二家视为谷糠，所谓"儒道九流，皆糠秕耳"！这种学问宗旨的改换不仅反映了慧远个人思想的不断前进，也与此时的时代思想文化的发展线路相吻合。

在东晋时代，儒学精神虽然已经遭遇困厄，但它在社会上的地位依然不容忽视。我国古代的书生自幼年开始就要诵习儒家经典，在两汉时期，他们诵习的经典主要是"六经"。六经的内容包罗万象，既有古代的典章制度，也有民间的诗歌；既有人们的交往礼仪，也有编年史，还有古代的占卜书，例如

《易经》。通过这些经典的学习和背诵，书生们就可以获得古代政治、伦理、哲学方面的知识。汉魏之际，由于东汉国力衰微，儒学所依附的礼教秩序受到冲击，经学传统也无法延续下去。在当时的社会上，儒生的形象也一落千丈，人们把儒生描绘成僵硬地遵循那些不合时宜的礼法规矩，虽然口头上大谈道德，实际上却干着蝇营狗苟的事情的人。社会上流传的"举秀才，不知书；举孝廉，父别居""寒素清白浊如泥，高第良将怯如鸡"，就是时人对儒生的讥讽。慧远的"弃儒"抉择必是有见于经学的琐碎或妖妄，同时也来自他对当时儒家礼教传统的虚伪本性的洞见。

道家之学是东晋时代另一派重要的思想传统。在魏晋时期，人们对两汉今古文经学传统非常不满，道家文化趁势而兴，老庄的"崇尚自然"精神得到极大的弘扬。当时一些学者发明了用老子、庄子的思想来理解儒家思想的趋向，如王弼以《道德经》解释《易经》和《论语》。但是到了后来，知识分子思想中的老庄思想成分愈来愈重，当时有一部分激烈的思想家如嵇康和阮籍甚至"非汤武而薄周孔""越名教而任自然"，他们嗜酒狂放，蔑弃礼教。慧远思想的第一次转折即是从儒学转向道家。从另外一个方面看，儒家的精神本质上是现实的、政治的和伦理的，从这个视角出发，儒者对于探讨那些超越此世、纯粹思辨的和非伦理的知识话题不是很感兴趣，这也造成了他们对于哲学思辨的厌倦。与儒家相反，道家的思维方式恰好是哲学的、超越性的和非伦理化的。老子曾经说过"道可道，非常道；名可名，非常名……此两者，同出而异名，同谓之玄，玄之又玄，众妙之门"。在此，"玄"代表着世界的"深层""本质"。因此，道家的思维方式是本体论的，它的探讨对象是世界的本体、本质。可以说，道家的探讨方式是"非经验的"和"超越的"。此外，我们需要区别魏晋时期的道家和道教。与侧重哲理探讨的道家不同，道教更具有民间宗教的色彩。道教的创始人是东汉末年的张道陵，他倡导五斗米道。道教思想来源驳杂，最早可以追溯到先秦巫术传统和秦汉时的神仙方术，后来又融合阴阳五行、谶纬、咒术等内容，最后形成了道教思想系统。在当时社会上，道教的地位很低，通常被人称为"鬼道"。同时由于道教主张"符水治病"，所以被知识分子视为民间的鄙俗小道。慧远所学习的是道家之学，而非道教。他对于老庄道家哲理有深入的体会，史载他在后来公开说法的时候曾使用道家术语来解释佛教义理，并且在佛学著述中大量使用道家概念。这个事实表明他青年时代"尤善庄老"的传闻并非虚言。

继而，东晋以后佛教兴盛逐渐吸引了知识分子的兴趣，他们对于道家的嗜好随之转移到佛教上面来。东晋时代思想文化气象的最重要的变化，乃是佛教跃居思潮先锋。该局面的产生，自然导源于中印两国文化交流的兴盛。然而早期中国佛教并非直接来自印度，而是通过西域传来。关于佛教的传入，还有一个传说，据史书记载，东汉初年的汉明帝永平七年（64）的一天，明帝在晚间的梦境中看到一位神人，身有日光，飞在殿前。第二天，明帝就向大臣询问此神的来历。太史傅毅回答说：西方天竺有叫"佛"的得道之神人，皇上可能是梦见佛了。于是明帝派人西去讨求。这一行人过天山、越葱岭，在西域大月氏国（今阿富汗境内）遇到天竺沙门摄摩腾与竺法兰，就邀请二位来中国。他们用白马驮着佛经佛像，于东汉永平十年一起回到京都洛阳。明帝敕令他们在一个精舍中居住，这就是白马寺。所以佛教传入也叫作"白马西来"。佛教的输入源头主要包括大月氏、安息、康居、龟兹、于阗等西域诸国。从这些国家来到中国的著名传法僧有安世高、支谶、康僧会、支谦等人。通过佛教的译经和传法活动，中印两大文化体系的交流成为现实。这也使得文化思想领域产生由道家精神向佛教精神转换的趋势。这种转换也有大众心理的根源，因为在当时，由于中原地区连年的战火和灾荒，在普通人的心里，道家的虚无精神无法给它的信仰者提供"解脱之道"，无法消除他们心中的"苦感"，也无法给人提供死后归趣的"终极关怀"。正是在这种理论的苦闷情形下，佛教尤其是其中的般若学在知识分子群体内部产生了共鸣。

佛教就其字面含义而言，是"成佛之教"或"佛陀之教"。佛教的理论博大精深，派别众多，但是都主张"诸行无常""诸法无我"和"涅槃寂静"这三种精神，又称"三法印"（佛教的三种根本的标志）。涅槃寂静是描述佛教最高修证境界的清净状态。也就是说，一旦人们认识到世界和人生的不可持久和无自性的本质，那么就不会对世俗的事物产生执着，而走向对涅槃境界的追求，最后脱离苦难的因果轮回。就人生问题而言，佛教试图通过对人的肉体的否定（人无我）来说明它的缘起性空的本质，如《圆觉经》中说："我今此身，四大和合。

所谓发毛爪齿，皮肉筋骨，髓脑垢色，皆归于地；唾涕脓血，津液涎沫，痰泪精气，大小便利，皆归于水；暖气归火，动转当风，四大各离，今者妄身，当在何处。即知此身，毕竟无体，和合为相，实同幻化，四缘假合，妄有六根，六根四大，中外合成，妄有缘气，于中积聚，似有缘相，假名为心。"就世界万法而言，佛教试图通过对诸法无有实体的说明（法无我）来说明其缘起性空的本质，如《中论·观四谛品》言："未曾有一法，不从因缘生；是故一起法，无不是空者。""三法印"是佛教的根本精神。此外佛教还有很多的观念，如四谛、十二因缘、八正道、六度等。

可以看出，相比于玄学而言，佛教提供了一整套的对生命方向的思考，从各种角度剖析人生，既指出了人生之虚妄，也指明了超越的途径。对于一般民众而言，佛教的"六道轮回""因果报应"观念使他们接受一种因"赏善罚恶"而"趋善避恶"的生活信念，通过不断的善行来改变或改良自己的命运。可见，佛教思想对中土民众有极强的影响力。这种影响被后来的学者描绘为"佛教征服中国"。就知识分子（士大夫）阶层而言，佛教的两种形态对他们有特殊的吸引力，这就是般若学和禅学。就般若学而言，其中的关键概念是"缘起性空"。缘起观认为一切诸法（事物），皆因种种因缘（条件）和合而成立，因种种因缘消失而消失，整个世界都存在于这种因果的链条之中，所谓"此有故彼有，此生故彼生；此无故彼无，此灭故彼灭"，因此每个事物都没有固定的本质和支撑其恒久存在的条件，因而是"无自性"的，也就是"性空"。整个世界和俗世的人生无非是虚妄的"假有"，如同昨夜之梦、水上泡影、晨曦之露一样。显然，般若学在某些方面和道家思想有接近之处，如般若学的"空"在思想类型上接近于老子的"无"，般若学的"涅槃""寂灭"很类似于庄子的"无为"。这一点也反映在佛经翻译中，例如当时还有一些翻译家用"本无"来翻译佛教的"真如"。这些类似点都为佛教与中国文化的沟通奠定了基础。禅学是另外一种佛学思潮。"禅"这个概念，乃梵文单词 dhyāna 的修饰性转写，本义是"弃恶"，后来被描述为"静虑""思维修"（思维而修得之）。也就是说，"禅"是佛教修行者通过精神修持获得觉悟、体证真理的方式，在修禅的时候要保持内心平静，摆脱外界的干扰。"打坐"（坐禅）是禅修习的最主要的方式。在佛教传入中国的早期，这种佛教特有的修行方式吸引了中土人士的注意力。因此，"禅"也是中国佛学最早期的形态。当时中国人还认为，"修禅"是获得神通的重要途径。这是东晋时代佛教思想的一般状况。

东晋时代的哲学思潮是魏晋玄学，进行群体性玄学探讨的方式即"清谈"或"玄谈"。就总体思想流变而言，魏晋玄学起源于对两汉经学的反动，它主张用《老子》《庄子》的思想来解释儒家经典和义理，所以又称"新道家"或"新儒家"。由于当时的佛教般若学的输入和传播，魏晋玄学又最终走向了佛学。具体而言，汉末两晋时期，由于知识分子对经学传统的反感，以及对儒家修身、齐家、治国、平天下理想的失望，就转而寻找新的"安顿生命"的方法，他们吸收了道家思想的优势，醉心于形而上的哲学论辩。他们经常在一起聊天，或评点裁量人物风格和他们的气象，或侃谈哲学玄理，伴之以饮酒吃药，以超越世俗为追求。清谈家们通常是一边侃侃而谈，一边潇洒地挥着麈尾（麈的尾毛做的拂尘），成为魏晋时期的时尚风潮。这种高雅知识分子聚会中的领袖人物，往往是气度、理致俱佳的名士，例如以嵇康、阮籍为代表的"竹林七贤"。清谈的话题一般都是围绕着《周易》《老子》《庄子》这三本"玄妙深奥"的书展开，清谈的内容主要涉及有与无、生与死、动与静、名教与自然、圣人有情或无情、声有无哀乐、言能否尽意等形而上的问题。魏晋玄学的社会评价是有争议性的，例如在正统的儒家士大夫看来，诸如此类清谈都与国计民生无关，因此就有"清谈误国"之类的说法。

魏晋玄学或魏晋清谈始于魏齐王曹芳正始年间，何晏、王弼首开其风。他们都是当时贵族名士，影响所及，便成一代风气。他们主张"贵无"，认为"天地万物皆以无为本"，又提出"名教出于自然"。在正始时期，玄学家多是皇族一系，他们不满于曹魏名法之治的流弊，意在设计一种理想的统治状态。魏晋交替，司马氏政权对知识分子实行打压和拉拢两手策略：诛夷名族，宠树同己。其后阮籍、嵇康发起不合作甚至抵抗的姿态，主张"越名教任自然""非汤武而薄周孔"。史载阮籍"时率意独驾，不由径路，本迹所穷，辄痛哭而反。尝登广武，观楚汉战处，叹曰：'时无英雄，使竖子成名！'"嵇康"超然独达，遂放世事，纵意于尘埃之表"，他竟宣称以"六经为芜秽，以仁义为臭腐"。正始十年（249，即嘉平元年），司马懿发动高平陵之变，残杀曹爽、曹曦，及何晏、丁谧、毕轨、李胜、桓范等大批名士，皆夷其三族，男女少长姑娣女子之适人者皆杀之，总数目以万计，致使"名士减半"。第二年，司马懿的长子司马师又杀夏侯玄、李丰等青年名士，废帝齐王芳。公元260年，戮杀高贵乡公曹髦。在杀戮名士的过程中，他们还对名士进行监视。嘉平三年（251），司马懿集中曹氏宗室于邺，以便监视；嵇康所居的河内山阳即靠近之，这使得他们时时遭到死亡威胁。在这种严峻的情势下，玄学家们自然不敢对政治秩序提出挑战，以至于后来一些知识分子发明了一种取自老庄的同尘和光的媾和策略。他们力图再用道家精神来解释儒家典籍，这样就既能延续玄学讨论，又完全消磨了玄学的政治锋芒。这种思想为向秀和郭象的《庄子注》所表露，此书一出，玄学大畅，"儒墨之迹见鄙，道家之言遂盛焉"！《庄子注》和王弼注《老》《易》一样，均欲调和两汉礼教伦理之原则和魏晋玄学新道德观之冲突，它们所致力的是将儒家的仁义礼教思想附于老庄玄学的道德原则之下，从老庄玄学形而上的"道体论"来理解儒家的形而下的礼教原则。但是在清谈之风盛行的同时，也出现了一些极度挑战社会道德底线的行为方式，如因以任放为达，嗜酒荒放，或有裸体者，或露头散发，裸袒箕踞等等。这自然导致玄学社会评价的降低。所以在东晋以后，以道家精神为主导的清谈也就衰落了，而以佛学为主题的玄风趁间而起。

东晋出现了一些著名的佛教玄谈家，例如支（遁）道林、竺法深、释道安、竺法汰等等。这些佛学家与同时代的名士如王导、谢安、简文帝、孙绰、许询、王羲之、殷浩等人过从甚密，他们也精通老庄玄理。另外一个方面，名士集团也有很多精通佛理的人物，例如孙绰、许询等人。他们之间的交往推动道家玄学向佛教玄学的转化。对一般士大夫而言，虽然他们对于佛教的深奥义理无法透彻理解，却乐于将深微的佛教思想纳入清谈范畴。据说有一次支道林和许掾等人聚集在会稽王孙亮的宅邸，进行清谈活动。支道林教授佛理，而许掾在一旁充当讲解者。每当支道林讲授了一个佛教义理，众人都感到精神上极其享受。而每当许掾向支道林问难时，众人也仿佛受到了鼓舞。他们都在嗟叹、唱咏二人才辩华美，却不明白他们究竟在讲什么。

慧远年轻时期自然也受到玄学清谈之风的影响，前面说过他对儒家典籍和道家老庄著作都深入地学习过，并且博得了世人"性度弘博，风鉴朗拔"的评点，并且虽宿儒英达，莫不服其深致。这完全是用清谈的标准来评价慧远。此外，慧远在皈依道安后似乎依然受到玄学清谈习惯的影响，例如，他曾经引用老子、庄子的思想来解释佛学。上述情况表明，慧远对玄学是有较深了解的。

第2章

师徒因缘　委命受业

　　虽然现有材料无法证实慧远是何时开始研究佛教的，不过考虑到当时的文化思想的大环境，我们设想早在游学许、洛之时，慧远就粗略了解到一些佛教思想，例如般若学或禅学。此外，他或许对当时的著名佛教人物佛图澄也有所耳闻。然而，此时慧远的心思还停留在和范宣子结伴隐居的愿景上。而政治的混乱和战火的重染打乱了他的计划。在慧远不断努力南下追随范宣子的几年里，后赵国石虎的死亡带来了前秦和前燕的争斗，各种标榜"赵""魏""秦""燕"的地方王国竞相成立，他们为土地、人口和军队互相争斗不止。对于这场混战，百姓自然是最为痛苦的。据《资治通鉴》记载，当时后赵所徙青、雍、幽、荆四州之民及氐、羌、胡、蛮数百万口，由于国家政令的变化，被要求各还本土；于是道路交错，互相杀掠，其能达者才十之二三。由于中原大乱，又继之以灾荒和饥馑，甚至出现"人相食"的悲惨景象。另外一个方面，南方的东晋国大

将军殷浩、桓温也不断地举兵北伐，这也阻碍了慧远南下追随
范宣子。恰好在这个时候，道安为避乱而在恒山弘法，慧远听了
这个传闻，出自对道安的期待，遂与其弟慧持一起赶赴恒山。

结缘道安

历史充满着偶然性，慧远追随范宣子隐居的目的无法达
到，却也成全了慧远和道安这一对佛教宗师之间的师徒关系。
道安是当时佛教界领袖佛图澄的弟子，而慧远后来成为道安的
继承人，佛图澄——道安——慧远这三代佛学家构成了东晋时
期一大佛教主流。对于这一点，历代多有认同。例如《高僧
传》作者慧皎说："有释道安者，资学于圣师竺佛图澄，安又
授业于弟子慧远。惟此三叶世不乏贤，并戒节严明，智宝炳
盛。使夫慧日余晖重光千载之下，香土遗芬再馥阎浮之地，涌
泉犹注，寔赖伊人。"隋朝佛学大师天台智者大师则说："远是
弥天释道安之高足，安是大和尚佛图澄之弟子。三德相承，如
日月星，真佛法梁栋，皆不可思议人也。"隋炀帝杨广亦言：
"法师师于弥天道安，安师于佛图澄。妙德相承，莫之为最。"这
些言论都是人们对他们三人师徒踵袭，并弘佛法的高度评价。

在此，我们需要介绍一下"佛图澄——道安——慧远"这
"三德"中的前两位。佛图澄是当时北方后赵最为著名的佛教
人物。他本姓帛，系西域龟兹人。当佛图澄于晋怀帝永嘉四年
（310）来到洛阳时，年已七十九岁。据说他能诵经数十万言，
又善解文义，所以虽未治中国儒家经史之学，而与诸学士论辩

疑滞，无能屈者。他知见超群、学识渊博，热忱地讲授佛法。此外，据说他具有各种神通：善诵神咒，能役使鬼神，彻见千里外事，又能预知吉凶，兼善医术，能治痼疾应时瘳损，所以为人所崇拜。这种传闻或许来自民众出于对佛教不理解而将之神秘化的心理，也有可能是佛教本身为了加强自己的宗教感染力量而故意为之。此外，佛图澄还是中国最早制订僧团戒律的人物，他"酒不逾齿、过中不食、非戒不履"，并且纠正了许多不符合规范的戒条。他的弟子道安称赞道："我之诸师始秦受戒，又之译人考校者鲜，先人所传相承谓是，至澄和上多所正焉。"佛图澄来到洛阳，正值永嘉乱起，他不忍生灵涂炭，策杖入石勒军中，为说佛法，并现神变，石勒大为信服，稍敛其焰，并允许汉人出家为僧。石勒死后，石虎继位，尤加信重，奉为大和尚，凡事必先咨询而后行。可见，他十分受统治者的敬重。佛图澄之所以受到北方统治者的敬重，乃在于他有很多神异的法术，例如《高僧传》作者慧皎称赞道："自晋惠失政，怀愍播迁，中州寇荡群羯乱交。渊曜篡虐于前，勒虎潜凶于后。郡国分崩，民遭屠炭。澄公悯锋镝之方始，痛刑害之未央，遂彰神化于葛陂，骋悬记于襄邺，藉秘咒而济将尽，拟香气而拔临危，瞻铃映掌坐定吉凶。终令二石稽首，荒裔子来。泽润苍萌，固无以校也。"佛图澄在中土弘传佛法的最大收获，是收道安为弟子。

道安是佛图澄最为出色的弟子，他继承了佛图澄的弘教理念。道安出生于常山扶柳县（今河北省冀州市境内）的一个读书人家里。幸福的家庭都是相似的，不幸的家庭各有各的不幸。由于世乱，道安父母早丧，所以他从小就受外兄孔氏的抚养。道安七岁开始读书，到十五岁的时候，对于五经文义已经相当通达。但是在当时，通过读书而求取功名利禄，对一个正直的人而言，几乎是无法容忍的。在魏晋南北朝时期，由于社会动乱，大江南北的百姓人家很多陷入贫穷和不幸的境地。也许出自对世事无常的切肤之感，道安也在备尝人世的艰辛之后出家了，此时他年仅十二岁。虽然佛教徒的每一人出家，其背后都有各自的故事，但是一般而言，逃离俗世的勇气，多来自对生命或情感脆弱的感受。并且在这个艰难困苦的时代，出家信佛，一方面可以避免世间的困苦，另一方面又能获得心灵的解脱，这无疑是一个不错的精神解困之路。此在佛理上正如《善生经》如此说："堕俗生世苦，命速如电光。老病死时至，对来无豪强。无亲可恃怙，无处可隐藏。天福尚有尽，人命岂久长。父母家室居，譬如寄客人。宿命寿以尽，舍故当受新。各追所作行，无际如车轮。"道安因为形貌黑丑，不为他的剃度师所重视，被分配在田地里从事体力劳作，但是他一点怨愤的意思也没有。几年之后，道安才向其剃度师要佛经读。由于他有惊人的记忆力和领悟能力，他的师父改变了态度，使他受"具足戒"，成为一个真正的僧人，还特许他出外随意参学。大约在二十四岁的时候，道安遇见了佛图澄。佛图澄一见到他就非常赏识，对那些因他丑陋而轻视他的人说："此人有远识，不是你们所能及的。"道安因此师事佛图澄。他在跟随佛图澄学习大小乘佛学的过程中，表现了超越常人的领悟能力。时人惊讶道："漆道人，惊四邻。"道安深感佛典缺乏，于是到处游方寻找佛教经典。后来道安为了避难，隐姓埋名，潜于濩泽（今山西省阳城西）。此后一直在濩泽、飞龙山、太行、恒山等处辗转避难。他一边避难，一边和同道进行佛学研究。与此同时，道安还通过各种方式传播佛教。由于社会离乱，人民痛苦到了极点，所以他吸引了很多信徒跟随其学佛，在他的身上和道场里面，人们可以得到精神上的慰藉和寄托。道安率众行道，精进不懈。在他的感召下，河北民众有一半左右成为佛教的信徒。在太行山期间，道安还创建了一些佛教的寺塔。通过自身的精进修行，道安迅速提高了威望，后来被称为"弥天释道安"。道安在太行山、恒山期间，当地的太守卢歆听说他佛法高深，就派一个名为僧敏的佛门弟子苦苦邀请他过来弘法。道安多次辞谢，最后终于受请开讲。道安演讲的效果非常好，史载当时"名实既符，道俗欣慕"。在道安周围，逐渐形成了一个徒众数百人的教团。大约在这个时候，慧远听到道安在恒山讲学，就和弟弟一起到此山中寻找道安。

据说慧远一见道安，便有将生命相托的意思，这一年他二十一岁。史载他"一面定敬，以为真吾师也，遂抽簪落发"。后来谢灵运在《慧远法师诔》中形象地描述道，慧远"总角味道，辞亲随师"。慧远的落发出家是非常慎重的人生抉择。虽然佛教并不反对在家修行，但是就领悟佛法要旨而言，出家无疑是更为殊胜的因缘，正如《宝积经·大神变会》所言："过去未来世，一切诸如来，无有不舍家，得成无上道。"在中国古代，社会对佛教总是存在一些偏见，认为佛家是"无父，无君""捐家财，弃妻子"，所以归宗释门必须面对家族和社会上的巨大压力，况且慧远又是和弟弟一起出家的呢！此外，在中国古代，由于国家统治的强大或战乱频仍，很多人的出家因缘是糊口，同时逃避各种苛捐杂税和战乱带来的冲击。慧远的出家不属于上述情况。据史传记载，慧远的出家乃是出于对佛教哲学的服膺——"儒道九流皆糠秕耳"，这是一个思考者的慎重抉择。那么到底是何种佛法理论使得慧远毅然地背弃世俗呢？这就是"般若学"。后人陈谦曾写诗生动地描述道："楼烦擅博综，皈志恒山里。一闻般若经，幡然弃经史。"般若经的根本思想，是在阐说一切存在皆空不可得，并强调救济众生的利他精神，空与慈悲的思想是般若经思想的两大支柱。在动乱频仍的魏晋时期，"生死无常"和"一切幻灭"的存在的苦感对于饱受磨难，看不到出路的平民百姓有分外的吸引力，慧远在听闻道安讲授般若经之后"豁然而悟"，就和弟弟"投簪落彩，委命受业"，兄弟俩一起归宗释门。此外，慧远在其晚年写给刘遗民的一封信中表露了自己的思想转变过程。他说，我在年轻的时候曾游心于儒家学说，认为儒家经典是当时世界上最华美的篇章。等到看了《老子》和《庄子》，便觉得儒家名教是应付世间事务的虚妄言辞罢了，但是后来接触佛典，便觉得只有佛教能够让人达到"沉冥之趣"。所谓"沉冥之趣"即最高的精神境界。由此可见，慧远的归宗更多的是来自心灵的需求和对生命的感悟。

在归宗道安以后，慧远并没有如有的佛教徒那样走向消极，在晨钟暮鼓中荒废生命，而是以更加积极、刻苦的心态来学习佛教理论。他怀抱着高远的志向，意欲"总摄纲维"，"以大法为己任"，这使得他全身散发出卓尔不群的气概。为了"总摄纲维"，从整体上弘扬佛法，慧远读书更加用功了，"精思讽持，以夜续昼"。这种"精进"的态度，正如《法句经》中所说："如河驶流，往而不返；生命如是，逝者不还。是日已过，命亦遂减，如少水鱼，斯有何乐！当勤精进，如救头燃，但念无常，慎勿放逸！"虽然由于缺少收入来源，他们常常连吃饭的钱都没有，毋论走访各地高僧学习了。但是慧远和慧持始终没有放弃研习佛学，他们青灯孤影，不倦地进行佛学探讨。有个叫昙翼的僧侣，看到慧远兄弟二人如此诚心学佛，便不断赞助他们购买蜡烛的费用，这使得道安非常感动，兄弟二人也表示不负昙翼的支持。佛教是人生哲学，其所思考的问题是人生现象，慧远也不断地用佛教的观点来验证自己的经历。史载他"藉慧解于前因，发胜心于旷劫"，对佛教义理的理解逐渐深刻。根据佛法理论，人类作为六道轮回的众生之一，乃是前世果报的结果，如果要脱离六道轮回，必须修炼佛教的"灭谛"，以至成佛。慧远是一位虔诚的佛教徒，他通过认知佛教十二因缘、三世因果的道理，推究自己此生受苦的原因，认为是前世造孽的结果，于是加强佛法修炼，以消除自身的苦难，获得智慧解脱。此外，据谢灵运在《庐山慧远法师碑》中说："般若无生之津，道行息心之观，妙理与高悟俱彻，冥宗与深心等至。"也就是说，慧远对般若学诸法无生的道理和息心的禅观都有透彻的了解，既学得了佛法妙理，又对佛法有自己的领悟。道安看到慧远进步如此迅速，不由感叹道："使道流东国者，其在远乎！"这就是说，佛教能够在中土广泛传播的使命估计要落在慧远的肩膀上了！

　　按照佛教团体内部的规定，义学僧人经过长时间研究佛教经典和义理，获得其师的允可之后，就可以开始定期向僧人和俗众讲学弘扬佛法了。然而由于慧远天资聪慧、刻苦钻研，仅过了三年，亦即二十四岁就具备了向外传授佛法的条件。道安非常信任慧远，支持他公开"讲说"。在当时，讲说佛法义理同时必须接受听众和外界的质疑和问难，相互之间的辩论更是家常便饭，这也是魏晋时期的优良学风。慧远的讲说过程也不例外，而他均能顺利地解答外界对他的质问。在当时，由于佛教初传中土，它的天竺佛教义理和中土固有的儒道学说存在很多文化和思想的隔阂。慧远鉴于听众中有很多儒家或道家知识分子，为了弥补这种文化间的隔阂，在讲说中不时采用比较的做法。例如关于大乘佛教般若学的"实相"概念，本义是指"万事万物的本来相状"，该观念即使在印度思想中也是非常深奥的名相、难以用语言表达的哲学观念。《中论·破因缘品》有一句话说："诸法实相者，心行言语断。无生亦无灭，寂灭如涅槃。"意思是说"实相"是超越语言文字范畴的。对于中土知识分子而言，"实相"概念也是最难以理解的。慧远照顾到听众的知识储备状态，结合自身对老庄道家的理解，便用《庄子》中的概念（例如"无"）进行类比，使得听众的疑难涣然冰释。值得注意的是，这也是当时其他人通常所采用的做法，人们称之为"格义"。道安见到慧远如此讲说，虽然没有做到以佛法诠释佛法，却做到了将中印两种思想相互贯通，更显示出慧远学问的博大气象。道安的其他弟子也非常赞服慧远的做法。

辗转弘法

到此为止，慧远一直跟随道安在黄河以北地区弘法。他们不想受到时代政治的干扰，但是险恶的政治形势却总追逐他们。这个时候北方的后赵国国君石虎去世了，石遵即位。石遵派遣一位名叫竺昌蒲的使臣请道安进入华林园，从事佛教弘传活动。但是道安洞察到后赵国即将出现政治纷争，就拒绝了石遵的要求，向西挺进到牵口山。果然不久"冉闵之乱"发生，石虎的养孙冉闵杀石虎之子当时的后赵国国君石鉴，以及石虎另外五个儿子和三十八个孙子，可谓满门灭绝。在这种残酷的政治局面下，人人自危。道安感觉到肃杀的政治气氛，又加上旱灾和蝗灾纵横，就又率众躲入王屋山和女休山。但是安定的生活没有几天，北方的燕国国君慕容俊攻占了黄河下游的华北地区，这迫使道安他们不得不渡过黄河到达陆浑山。史载道安教团"山木食修学"，即以草木为食，并且时刻不忘记进行佛学研究。

也许是来自亲身经历的感触，也许是来自对佛教和中国社会关系的洞察，道安此时感叹道，这是一个凶险频繁发生的时代，"不依国主，则法事难立"。这个感叹萦绕了中国佛教千年之久，在道安之后，佛教与王权的对立和妥协一直存在。此时，道安又作出了一个决定，让弟子们分头弘法。这个弘法策略后来也为其他人所效仿。例如禅宗五祖弘忍大师就曾将自己的十个弟子分散到全国各地弘教，其中有著名的北宗领袖神秀和南宗领袖慧能。当时的具体情况是这样：竺法汰被派遣到扬州弘法，道安认为扬州这个地方君子很多，又尚风流，会对佛教有积极作用；法和被派遣到四川弘法，道安认为四川山水资源丰富，可以顺利从事弘教活动。

慧远依然跟随道安向襄阳进发。此时有一件奇异的事情发生了。道安慧远师徒及其他弟子"值雷雨乘电光而进"，他们在荒野中看到有一户人家，门里面竖着两根系马的木头，中间悬着一个喂马的器具"马笕"，里面可以放得下一斛的马料。道安便说，这户人家的主人肯定叫林百升了，便大叫"林百升"！主人一惊，忙走出门，原来这位和道安素昧平生的乡民的名字正叫林百升。由这个例子，我们可以看到道安的思维敏捷之处。

从354年起，到365年南下襄阳，慧远一直在山西、河北等地的黄河以北地区协助道安讲学弘法。慧远北方讲学活动也留下了一些遗迹，今天山西省代县白人岩就是其中之一。白人岩位于代县城西北十五公里处的累头山。此山群峦叠翠，泉石秀丽，树木成荫，飞云流瀑，历来为旅游胜地，古代诗人把它描述为"开户白云，行歌秋色，千岩紫翠，境逼仙都"。地理上临近五台山、雁门关，在白仁岩还有传为慧远所居之庵，在山腹之间，当地百姓称为"慧远洞"。

道安一行不久到达襄阳。道安选择襄阳作为教团的基地是深有考虑的。襄阳地处长江中游，与东晋的中心区域江东相距不远，同时和北方的洛阳、长安联系也比较密切，因而能够方便地与大江南北的佛教信仰团体联系。就在道安刚到襄阳之时，一件有趣的事情发生了。原来襄阳当地有另外一位名僧习凿齿，据说他"锋辩天逸，笼罩当时"。此前，习凿齿听到道安在襄阳附近的信息时，就以非常典雅的文体写了一封信，邀请道安来襄阳弘法。当他听说道安已到襄阳，就来拜访他。见面时，习凿齿自报姓名："四海习凿齿。"道安机敏地对答道："弥天释道安。"两人于是相视大笑。道安这个对答被当时的人称为"名答"，认为他虽然是佛门中人，却有名士的气质。有趣的是，"弥天释道安"竟然成为中国佛教史上的一个典故，我们现在也经常用"弥天释道安"这个称呼来表达对道安的尊敬。

道安与教众四百余人先住在白马寺，后因为白马寺过于狭小，就另创檀溪寺。当地的尊佛富豪和年长者都来赞助道安创建新寺，史载檀溪寺"建塔五层，起房四百"。在中国佛教发展过程中，来自王公大臣和普通的士农工商的善男信女护持、布施史不绝书。根据佛教思想，布施能够增益施者的福报，如《上品大戒经》说："施佛塔庙，得千倍报，布施沙门，得百倍报。" 357年，道安铸丈六释迦佛金像于檀溪寺。释迦牟尼佛金像的铸造是为了加强教众的佛教信仰，因为根据佛经所言，当信众瞻仰该佛像的时候，就会萌发和坚定他的佛教信仰。据《楞严经》记载，佛教的创始人释迦牟尼佛有三十二相，其身是阎浮檀紫金色，时常有各种宝光涌出，令人仰慕不已。当年，佛陀的堂弟阿难之所以要出家，主要就是因为他羡慕佛陀的充满紫金光的庄严身相。此外，佛陀的弟子中有位比丘尼，名叫"紫金光"。她之所以有这样的名字，是因为她世世生生都身具紫金光聚。据说，她的这个身相的获得是基于她对佛像的涂金供养。这两个例子都说明佛教有塑造金像的传统，这种观念正如《华严经·十地品》所说："佛身安坐一国土，一切世界悉现身，身相端严无量亿，法界广大悉充满，于一毛孔放光明，普灭世间烦恼暗。"据说该金像造成之后，襄阳城内和乡村里面的佛教信仰者和普通民众都热烈欢迎。据传，该金像异常神奇，夜间自己飞出寺门，西游附近山川，并在一块岩石上留下印迹。当金像出游回来的时候，附近的人在第一时间赶到，惊奇而又欢喜地迎接这尊释迦牟尼金像。道安命慧远代作《襄阳丈六金像赞》。在这篇文章中，慧远认为金像的作用在于加强民众对于佛教的信念，使他们明白因果报应的道理，从而为佛教作诸种功德。慧远在赞文中说，自从佛受众神护佑，降临天竺国，托化于王宫之中，成为太子。在觉悟后，他按照宇宙的大化，教化众生，使他们都有所触动，而邪恶之辈也洗心革面。法轮转动，清净之音畅通于世界，并且逸响远流，密风遐扇，影响各国。我远生于末法时代，距我佛业已千年，只能徒然欣喜于佛的教化，而不能亲自参见他的法会，接受他的直接教导。每次梦见他的仪容和佛光，仿佛在心灵中看到他。由于无法亲眼看到他，我的感情无所寄托，悲愤莫名。受到这种感情的激励，我就命门人铸造他的铜像，以此来追述他的高大形象。在我的倡议下，四辈悦情，道俗齐趣，响应者如树林一样众多。铸造工作不日而成，虽然它来自人工，却如同上天所造一样。表达内心志向的方式莫若辞章，宣扬他的功德莫若颂歌，所以志以辞显，而功业可存。德望的宣传莫若颂歌，将他的形象保存下来莫若采取铸像的方式。文后，慧远还加了一首颂，全文如下：

堂堂天师，明明远度。

迈群挺萃，超然先悟。

惠在恬虚，妙不以数。

感时而兴，应世成务。

金颜映发，奇相晖布。

肃肃灵仪，依依神易。

茫茫造物，玄运冥驰。

伟哉释迦，与化推移。

静也渊默，动也天随。

绵绵远御，亹亹长麾。

反宗无像，光潜影离。

仰慕千载，是拟是仪。

襄阳在那时还属于东晋，社会环境比较安定，道安在那里住了十五年，得到了充分发展事业的机会。慧远此时虽然非常繁忙，但弘扬佛教的心情是愉悦的。他一边协助道安厘清佛经翻译中的错误，考校译本，注释经文，编辑翻译过来的经文目录，另一方面也要登坛讲习佛法。在道安的带领下，襄阳成为中国佛教的中心，法席之盛，天下寺舍，也都以它为目标，模仿道安僧团的规章制度。据记载，道安此时在中国佛教团体内威望非常高，所谓"盛德昭彰"，"播声宇内"。

但是此时南北相争剧烈，天下已经难以安放宁静的佛堂了。襄阳由于地处南北要冲，自然成为双方争夺之地。378 年，北方少数民族政权前秦的国君苻坚遣苻丕攻占襄阳，一方面是夺取襄阳这个战争要冲，另一方面是要捕获道安和习凿齿，把他们带到长安为自己的政治统治服务。不久襄阳被攻陷，道安也被寻获。苻坚高兴地说，我取得襄阳的最大收获是"一个半人"。所谓"一个人"指的是道安，"半个人"乃指习凿齿。由于道安在当时北方社会上的崇高地位，苻坚不敢使用暴力手段，道安于是被强行延至长安，在苻坚的监视下依然勉力弘扬佛教。就在襄阳被攻占的同时，道安出于弘教的考虑，将自己的教团拆分数支，让他们各自分头离开襄阳，到各地弘法。对于其他弟子，道安谆谆教诲，详细交代，唯独对慧远不留一言。慧远心中疑惑不解，遂长跪不起，问自己的师父道："为什么您对其他人皆有所交代，唯独慧远不蒙您的训诫，难道慧远资质浅薄，无法承担您的重托吗？"道安回道："像你这样的弟子，当然也毫不怀疑你的能力了，我还有什么担心，要交代你这类多余话呢？"由此可见道安对慧远的器重。

辩才无碍

　　慧远在教团内的生活是不平静的，是充满挑战性的。上文说到，道安教团约五百人为了逃避中原长时间的战乱局势而南下襄阳。在迁徙过程中的某一天，道安接到了关于另一位佛教高僧竺法汰的一则信息：竺法汰是道安在佛图澄门下的同学，受派到扬州弘法，南下途中，到江陵（今荆州）时患病。得到这一消息后，道安便派慧远前往探望。道安这样做，也有让慧远向竺法汰请益佛法的意思。因为在古代，佛教徒除了跟随自己的师父修习之外，大多需要经历一个"游方"的过程，向各地高僧学习。慧远长途跋涉赶到江陵。在慰问生病的竺法汰之后，得知另一位僧人道恒也在江陵宣传佛法。

道恒主张的是"心无宗"。这心无宗是当时佛学思潮"六家七宗"中的一支。我们知道，在此时的中原大地上，佛教般若学正方兴未艾。由于般若学所说的空、实相、涅槃、非有非无等观念非常类似于老庄的无、无为、虚空，也与当时的魏晋玄学的主要概念本无、独化有很强的沟通性，所以从士大夫阶层到高僧、名僧阶层都乐于聚众谈论般若学，以老庄思想来说明般若之空理。清谈的对象也不再局限于老庄和《周易》，更多地转向了般若经。但是在另一方面，由于般若学经典翻译严重缺失，仅有《道行般若》《明度般若》《放光般若》，至于最关键的般若经论《大品》《小品》等经，《大智度》《中》《百》《十二门》等论却要等到鸠摩罗什来到长安后方能翻译。所以在当时，尽管人们对般若性空思想表示了浓厚的兴趣，实际上却又没有多少经书供大家探讨。这种讨论的结果是可想而知的。所以各地佛教学者对于般若性空的解释，各出异义，纷纭不一。不同的解释形成了不同的宗派。当时，这些派别主要有色宗、识含宗、幻化宗、缘会宗、本无宗、心无宗等。

本无宗的创始人即是道安。道安认为："无在万化之先，空为众形之始，故称本无。"

本无异宗为本无宗的一个支派，其代表人物之一正是竺法汰。

心无宗的代表人物之一就是道恒。该宗主张"无心于万物"。竺法汰接受道安安排南下，因患病驻足荆州，得到荆州刺史桓温的照料。此时道恒正在荆州宣扬他的"心无"说，而且徒众甚多。心无宗的观点被竺法汰视为邪说，出于维护佛教正统的立场，竺法汰就派自己的弟子昙一去和道恒辩论。昙一作为竺法汰的代表，无愧于老师的器重，他引经据典，和道恒往复辨析义理，驳斥心无宗的错误说法。道恒虽然在义理上无法面对昙一，但徒逞口辞，不肯屈服。双方辩论了一天，日影西移，已是黄昏时分，他们约定第二天继续辩论。

此时慧远正赶到荆州。竺法汰久闻慧远"辩机无碍"，是佛教论辩高手，遂派慧远协助昙一和道恒辩论。慧远初上辩席，其敏捷缜密的思维便严厉打击了道恒的气焰。他攻难数个来回，从各种角度责难"心无"之义。道恒在慧远的质疑之下，自觉理屈词穷，脸上呈现出不安的神情，遂不断地用"麈尾"扫击桌面，不能一言。"麈尾"即"拂子"，是魏晋时期士人清谈时经常手持的道具。慧远看到道恒陷于困境之后，幽默地笑道："不疾而速，杼轴何为！""不疾而速"出自《周易》之《系辞》篇，原文为"唯神也，故不疾而速"。意思是说心灵的神妙莫测，心思快慢之间，转瞬即至。"杼""轴"是古代织布机器上管理纵向和横向线条的装置。慧远言下之意是：既然心无宗倡导的"虚而能知，无而能应"，"不疾而速"，那何必如此"麈尾扣案"，反复思考而不作答呢！众人一听，皆莞尔一笑。道恒看到辩论到如此境地，义理和气势俱输，此后就不再倡导他的"心无"之义了。

第3章

栖止匡庐 东林弘法

在荆州，慧远先是住在上明寺。上明寺的住持僧是道安的同学僧辅，与此同时，江陵的长沙寺还住有道安的弟子昙翼和法遇，他们都非常佩服慧远。慧远在江陵度过了短暂的三年，在这三年里，慧远并没有因生活不安定而懈怠，仍然和往常一样勤于学佛。然而鉴于江陵乃交通枢纽，系兵家必争之地，慧远为了能够静心钻研佛教义理，遂决意寻求一个安定地方。在当时，既能够避开战争的纷扰，环境又幽雅，便于修炼的所在，就是罗浮山了。罗浮山位于广东省广州东方博罗县西北之罗浮山脉中，以瑰奇灵秀著称，高峰数百座，是隐居修炼的好地方。这里仅山洞就有四十九个，"潜夜引辉，幽境朗日"。罗浮山是隐士之山，有多位知名隐士曾居住在山中，其中名气最大的是道教徒葛洪。慧远和当时的知识分子一样，也向往居住在一个能够远离世俗纷扰的名山中。正巧他的同门慧永法师也对罗浮山分外向往，两人就约定各自均向罗浮山进发。但是慧远并没有到达心中向往的罗浮山。当他走到江西浔阳（今九江市）时，忽然看到秀丽的庐山，于是就停留下来。后来发现慧永也恰好逗留在庐山，他乡遇故知，可谓人生一大喜事。

托迹东林寺

庐山虽然风景秀丽，风致高雅，但在当时并不如现在这样有名，这从它的评价"庐峰清静，足以息心"中可以看出。对于这座"神仙之庐"，慧远是如下描述的："山在江州浔阳南，南滨宫亭，北对九江。九江之南为小江，山去小江三十里余。左挟彭蠡，右傍通川，引三江之流而据其会。"慧远定居于此，无疑给庐山带来了浓郁的宗教色彩和传奇故事。由于慧远主要在庐山弘法，这为他博得了"庐山慧远"的名号。慧远在庐山的生活无疑是胜意的。他在晚年追忆说，自托此山，二十二载。凡再诣石门，四游南岭，东望香炉，秀绝众形，北眺九流，凝神览视，四岩之内，"犹观之掌焉"。庐山的秀丽景色为他静心修行提供了殊绝的场所。此外，在进行息心修行的同时，慧远还积极组织团体性佛学探讨或实践活动，包括讲经说法、结社念佛等。正如谢灵运在《慧远法师诔》中所言："庐山之巅，俯传灵鹫之旨。"从这个角度而言，慧远在庐山的生活与其说是静谧的，毋宁说更繁忙了。下面以慧远在庐山的遗迹为线索，简要介绍一下慧远在庐山的行止。

龙泉精舍　历史上的伟大人物总是带有许多传奇故事。慧远时代的庐山，却是一个少人居住的朴野之山，鸟、兽、蛇、虫杂居于此。慧远初入山时，居住环境恶劣，经常受到蛇虫的骚扰。据说有一位不知名的"行者"照顾他的日常生活，善于驱赶蛇虫，被号为"辟蛇行者"。此外，还有一个关于建造"龙泉精舍"的故事。慧远初入庐山，想选择一个地方修建庙宇。庐山缺水，慧远也曾苦于无水饮食，于是和众弟子考察整个庐山，选择修建地址。一天，在寻访过程中，慧远和众弟子都感到口渴，就共同发誓："如果这个所在适宜建造寺庙，誓愿借佛的神力，此刻冒出佳泉！"话音未落，从地下冒出了甘甜的泉水。慧远感叹之余，率众弟子以手杖掘地，清泉喷涌而出。他们挖了一个池子蓄水，后来建造了龙泉精舍。慧远为什么将该寺宇定名为"龙泉精舍"呢，还有一个故事。有一年气候干旱，将要酿成旱灾的时候，慧远就率领众弟子诵念《海龙王经》，诵念尚未完成，泉水中浮现一个巨大的"龙影"，形如巨蛇，未几腾空而去，天上降下了瓢泼大雨。根据上述现象，慧远就把这个刚建的庙宇号为"龙泉精舍"。

东林寺 龙泉精舍毕竟狭小，不适合久居。且说慧永见到慧远到达庐山，非常高兴，意欲和慧远长时间相处，就想为慧远谋划一个久居之所。他找到当地的刺史桓伊，说道："我的同门慧远是一位做大事业的人，必将大弘佛法，他的弟子众多，今后还将有很多闻其名者来归附，我居住的西林寺对于他的事业显得有所不足，如何是好？"桓伊也是一位非常尊重佛门的官吏，就为慧远在近东的地方复建东林寺。东林寺的建造材料是附近的山石和松树，给人一种"神清而气肃"的印象，慧远描述它"清泉环阶，白云满室"。慧远在桓伊建造的东林寺内复筑禅室，满足自己禅修实践的需要，禅室也非常幽静：
"森树烟凝，石筵苔合，凡在瞻履，皆神清而气肃焉。"东林寺
是慧远的居所，也是他弘法的主要地点。

佛影像　慧远是一位虔诚的佛教徒，是宗教信仰的力量推
动他经历各种磨难，永不放弃。这里面有一个例子可以说明这
一点。据说释迦佛于过去世行菩萨道时，化作大力毒龙，为行
菩萨道而作布施、忍辱等六度行。"此龙受戒后，出家求静，
入林树间，因思惟久坐而疲懈入睡；猎者见其身有彩纹、七宝
杂色，遂起贪念，以杖按其头，以刀剥其皮；龙身强力大，自
念若欲倾覆一国，易如反掌，何况仅是一猎者而已。然彼以持
戒之故，不吝惜其身，遂眠目、闭气，任猎者剥取而无悔意。
既失皮后，欲入水中，见诸小虫来食其身，彼为佛道之故，复
以其身喂施诸虫，并思惟他日成佛时，将以佛法度化其所布施
之众生。龙发此誓愿后，即身干命绝，升于忉利天上。"慧远
听说印度有佛昔化毒龙所留之影像，在北天竺月氏国那竭呵城
南古仙人石室中。但是在当时，到达月氏国路程为一万五千八
百五十里，慧远每欣感交怀，很想瞻仰那个佛影的真实相状，
以加强对佛教行愿。此时正好有一位到达庐山的西域人描述了
月氏国佛影的外表，慧远于是在义熙八年（412）命人在庐山
背山临流的地方营筑龛室，将佛影绘在此龛室中。据说此佛影
"妙算画工，淡彩图写，色疑积空，望似烟雾，晖相炳暖，若
隐而显"。次年九月，慧远作《万佛影铭》刻于石上，以纪念
这件事："希音远流，乃眷东顾。欣风慕道，仰规玄度，妙尽
毫端。"谢灵运所撰《佛影铭》则提供了另外一种说法，据谢

灵运所言，西行求法高僧法显来到庐山，具说佛影，庐山慧远闻风而悦，于是随喜幽室，搜寻庐山所存空旷平坦的石岩，在一个北枕峻岭，南映彪涧的地点刻下佛影，所谓"摹拟遗量，寄托青彩"。这两种说法虽稍有区别，但大旨无二。

值得注意的是，慧远还在该《万佛影铭》中对佛教"法身"观念作了一番解释。佛教认为佛有"三身"：法身、化身和应身。所谓"身"是"积聚"的意思，凡夫众生积聚业报和四大以为色身，而佛由于业报已尽，四大无存，只有一个清净之身，妙色之体。《金光明最胜王经·三身分别品》对此三身作了详细的说明。所谓化身具有如下含义："如来昔在修行地中，为一切众生修种种法，如是修习至修行满。修行力故，得大自在。自在力故，随众生意，随众生行，随众生界，悉皆了别，不待时，不过时，处相应，时相应，行相应，说法相应，现种种身，是名化身。"所谓应身具有如下含义："诸如来为诸菩萨得通达故，说于真谛。为令解了生死涅槃是一味故，为除身见众生怖畏欢喜故，为无边佛法而作本故，如实相应如如如智，本愿力故，是身得现。具三十二相，八十种好，项背圆光，是名应身。"所谓法身具有如下含义："为除诸烦恼等障，为具诸善法故，唯有如如如如智，是名法身。前二种身是假名有，此第三身是真实有，为前二身而作根本。何以故？离法如如，离无分别智，一切诸佛无有别法，一切诸佛智慧具足，一切烦恼究竟灭尽，得清净佛地。是故法如如如如智，摄一切佛法。"也就是说，只有法身是真实存在的，其他二种身不过是假名（以概念、名相的方式）存在并且以法身为根本。例如，出现于印度的释迦佛是佛的"应身"；化身指随人天鬼畜等所化之类而现的非佛形身，是佛的化身。"法身"则指佛教普遍的真理。在《万佛影铭》中，慧远认为："法身之运物也，不物物而兆其端，不图终而会其成。理玄于万化之表，数绝乎无形无名者也。若乃语其筌寄，则道无不在。"这就是说，"法身"是"精极而为灵"的，它"无形无名"却又无处不在，它能够生化万物，运转万有。

般若台　般若台的营建时间在慧远到达庐山三年后。由于慧远的影响不断增大，远近道俗不断向他来请教佛教义理，久而久之，慧远的门庭宽广起来，原来的聚众修行场所又显得狭小了。慧远于是在东林寺内另建般若台，为集体修行提供了一个较合适的地方。般若台的用途，开始是作为禅定修习之地，后来慧远以念佛为志向以后，在般若台上安立阿弥陀佛像，般若台又成为实修念佛三昧的地方。总之，它是慧远教团的念佛道场。此外，般若台还成为后来僧伽提婆译经的场所，如《高僧传·僧伽提婆》中记载："提婆乃于般若台，手执梵文，口宣晋语，去华存实，务尽义本。"还必须提及的是，般若台还见证了慧远往生净土佛国的过程。据说慧远在弥留之际，正是在般若台禅定后看见阿弥陀佛和其他已逝道友邀请他离开尘世，往生净土。

讲经台　在今天的庐山石门涧，留有慧远讲经台。慧远大师在庐山弘扬佛法三十六年，他又性喜山水，经常利用游览山水之机，巧借自然之理，为僧众讲经说法，于是就有了这座讲经台。现寺门头的"讲经台"三字为著名佛学家、中国佛教协会前会长赵朴初所题。这里群峰环抱，树竹苍翠，清泉流淌，鸟语花香，石像奇异，特别迷人。慧远常与释道儒十八高贤相聚在此，他们观景、讲经、议事、吟诗、聊天，后人称该台为慧远讲经台。现有阿弥陀佛等巨型摩崖石刻，并有天然僧浴盆和白居易诗碑。唐代祖咏题远公讲经台诗云："兰若无人到，真僧出复稀。苔侵行道席，云湿坐禅衣。"明代思想家王守仁也有一首诗："远公说法有高台，一垛青莲云外开。台上久无狮子吼，野狐时复听经来。"此外，明代万历进士郭正域也有诗云："两两高峰相对青，一峰似觉响风铃。远公只说莲花法，多少僧徒听讲经。"可见，慧远讲经台业已成为某种历史记忆存在于历代文人学士的脑海里。

阿育王像 阿育王系印度孔雀王朝第三代国王，是著名的佛教护法王。公元前3世纪左右，君临摩揭陀国，统一五天竺，是护持佛教的一位英主。据说阿育王在连年征战中看到战况惨烈，死伤无数，追悔不已，遂入佛门，建立了有史以来最大的佛教国，对印度佛教振兴贡献了自己的力量。阿育王去世后，也被佛教当作护法王供养起来。陶侃当初任广州太守时，有个打鱼人在大海上见到佛光，该佛光每天晚上都发出耀眼的光芒。十余日后，光明更盛。渔人感到很奇怪，遂上报陶侃。陶侃前往察看，得知是阿育王像在发光，他立即将神像接回，送到武昌寒溪寺。一次，寒溪寺住持僧珍因故前往夏口，夜里梦见寺院着火，只有阿育王像所居之屋有龙神围绕。僧珍醒来，立即赶回寒溪寺，寺院果然被焚烧殆尽，但是存放阿育王像的房子完好无损，众人都以为是神像。陶侃后来又调任他处，想带走阿育王像。谁知十多人把佛像抬到船上，船却沉没了。待慧远创建东林寺后，诚心奉请，阿育王像乃飘然自轻，自己来到东林寺。人们这才知道慧远的奇妙法力。

庐山教团

慧远在庐山最重要的学术活动是建立庐山教团。庐山给慧远提供了一个极佳的佛学研究外部环境，再加上慧远对居住小环境的营造，他逐渐爱上了这个安身立命之所。接下来，慧远开始大力展开他的宏图。佛教在社会上的影响逐渐扩大，将庐山发展为东晋佛教研究和佛法宣传的中心，慧远也因此而被称为东晋佛教领袖，这些都是慧远精心筹划的结果。正如《高僧传·慧远》中所称，他"率众行道，昏晓不绝，释迦余化，于斯复兴。既而谨律息心之士，绝尘清信之宾，并不期而至，望风遥集"。就佛教修行实践而言，成立佛教团体是至关重要的事情。在佛教团体中，人的解脱成佛虽然根本上在于自身对世间道理的了悟，并在了悟之后刻苦修行。但是自我的解脱并不妨碍"共修"，甚至共修更有利于自己的解脱。释迦牟尼在世之时，他就成立了多个修行团体。因为在修行过程中，往往碰到一些义理方面的困惑和修行中的种种问题，这些困难都需要其他的修行者，尤其是指导自己修行的师父的指点和提示。这种自力和他力的结合是佛教的一个特征。慧远对这一点是有深刻感受的，他自己在道安门下的迅速成长是和道安教团的内部关系分不开的。在庐山教团内部，慧远既有同道，也有门徒。

其中，慧永和慧持是他最重要的支持者，道生、昙邕、法净和法领是其最重要的门徒。

慧永是慧远的重要支持者。慧永也是道安的弟子，居住在庐山的西林寺。据《高僧传》记载，慧永在十二岁时出家，先是奉竺昙现为师，由于服膺于道安的思想，继而成为道安的弟子，和慧远有同窗之谊。他曾与慧远有约定，一起到罗浮山去。由于慧远最初为道安所留下的缘故，慧永遂先逾五岭，在行经江西浔阳郡时，受到当地的陶范苦苦相留，于是决定暂且驻留在庐山的西林寺，不久门徒越来越多。此时慧远也刚巧到达庐山，听说慧永已经在这里，就也在庐山住下。慧永看到慧远也来到庐山，就放弃了前往罗浮山的打算，决定在庐山长久居住下去。慧远和慧永虽同为道安门下高徒，但是行事风格截然不同。慧远久负盛名，再加上才能出众，吸引从者百余。他的门下都是端整有风序之人，他们高言华论，举动可观；而慧永则不同，往往独自修道，纳衣草屦，执杖提钵，一副苦行僧的形象。人们看到慧永如此贞素，跟他学习的人又比慧远多了。两人之间互相推崇。在当时，慧远很少佩服他人，对于慧永却因其高风亮节，而身执卑恭。

慧持是慧远的另一同道，是慧远的胞弟，史载他"冲默有远量"，可见是位笃实的修行者。慧持十四岁学读书，学习的效率非常高，一日所得相当于其他人一旬所学。他还精通文学和历史，文采飞扬。他在十八岁那年和慧远一同出家，同拜道安为师。在道安门下，慧持遍学众经，对于经律论三藏义理游刃有余。在道安驻留襄阳之时，慧远和慧持一同被派遣到江东。他们最初憩息在荆州上明寺，后适庐山，皆随远共止。慧持和慧远一样外表出众，史载他形长八尺，风神俊爽，常蹑革屣，纳衣半胫。庐山徒属、弟子往返三千多人，皆以持为称首，谁也赶不上他的英秀容止。慧持有一位姑姑名道仪，也出家为尼，住在江夏。仪闻京师盛于佛法，欲下观化。持乃送姑至都，止于东安寺。在京都的晋卫军琅琊王珣，对慧持很为器重。当时在京都有一位西域沙门僧伽提婆，善诵四阿含经，珣请他翻译出《中阿含经》。慧持帮僧伽提婆校阅文言，勘定译本，后来回到了庐山。不久，豫章太守范宁请他讲《法华》《毗昙》，于是四方云聚，千里遥集。慧持和慧远一样地受到大家的高度评价，甚至被放到一起加以比较。例如，王珣曾给范宁写信："远公、持公孰愈？"范宁回信道："诚为贤兄弟也。"兖州刺史琅琊王恭，致书于沙门僧检曰："远、持兄弟，至德何如？"检答曰："远、持兄弟也，绰绰焉信有道风矣。"和慧远一样，慧持也是一位勇猛有刚强毅力的僧人，他听说遥远的成都地沃民丰，遂决定辞别其兄，独自赶往成都弘法，顺便瞻仰峨眉山，并将佛法传到那里。这是隆安三年（399）的事。慧远苦留难止，乃叹曰："人生爱聚，汝乃乐离，如何？"慧持也觉得伤悲，回应道："若滞情爱聚者，本不应出家。今既割欲求道，正以西方为期耳。"于是兄弟俩收泪，悯默而别。慧持到了蜀地，栖止在龙渊精舍，大弘佛法。义熙八年（412）入寂，年七十六。他留下遗诫，要弟子务严律仪，专心净业。

在古代，高徒往往来自名师。师徒情谊是保证思想和学术薪火传递的重要条件。慧远自己就深受其师道安法师的影响，他追随道安在中国大地上辗转了数年之久。在自身遭遇的影响下，慧远自己也非常重视对门下弟子的教育，力求为弘扬佛法培养一些优秀的种子。史籍中提到，慧远门下有不断增多的趋势，从告别道安，离开襄阳南下荆州的数十人，再到庐山时期的"三千余众"（门下弟子和普通信仰者），增长相当迅速。这种源源不尽的趋势曾导致慧远不断地修建房屋供僧人居住。他和弟子的行动，包括坐禅、念佛、结社等方面，赢得"莲社十八高贤""莲社高贤百二十三人"等名号。正如谢灵运《庐山慧远法师诔》所言："尔乃怀仁山林，隐居求志。于是众僧云集，勤修净行，同法餐风，栖迟道门。可谓五百之季，仰绍舍卫之风；庐山之巅，俯传灵鹫之音，洋洋乎未曾闻也！"下面我们将他的一些著名弟子作简要的介绍。

竺道生（355~434），在佛学史上被尊称生公。本姓魏，巨鹿（今河北省巨鹿县）人，寓居彭城（今江苏省徐州市）。幼而颖悟，依竺法汰（320~387）出家，随师姓竺。披读经文，一览能诵，十五岁便登讲座。到受具戒之年，便以"善于接诱"见重当世。中年游学，广搜异闻。晋安帝隆安（397~401）中入庐山，成为慧远门下弟子。竺道生认为"慧解"是"入道"之本，所以他普遍钻研群经众论。后闻鸠摩罗什（340~409）在长安译经讲学，于是和慧睿、慧严、慧观同往受业。后秦主姚兴在逍遥园接见了他，叫他和鸠摩罗什的弟子道融论难。往复问答，所说无不中肯。关中僧众都佩服他的英秀。鸠摩罗什门下有四圣、十哲等称，道生都予其列。后入庐山幽栖七年，师事慧远，博研经论。研思空有因果深旨，立"善不受报""顿悟成佛"诸义。《出三藏记集》说他"笼罩旧说，妙有渊旨"。但守文之徒加以嫌嫉，目为"珍怪之辞"。又当时凉译大本《涅槃》还没有传到南方，只六卷《泥洹》先于义熙十四年（418）在建康译出，其中说除一阐提皆有佛性。道生仔细分析经文的义理，主张"一阐提人皆得成佛"。所谓一阐提，是指那些断了善根的众生。据佛经上说，此类人"不信因果，无有惭愧，不信业报，不见现及未来世，不亲善友，不随诸佛所说教戒。如是之人，名一阐提，诸佛世尊，所不能治"。在六卷《泥洹》中，皆说一阐提不能成佛。竺道生根据佛法平等原理否定此说，认为一阐提亦有佛性，亦能成佛。当时那些固守经文的传统派认为他"谤佛"，就把他摈出僧众。道生遂入吴中的虎丘山，传说他曾聚石为徒，讲《涅槃经》，说到阐提有佛性，群石皆点头。元嘉七年（430）竺道生再入庐山，这个时候大本《涅槃》传到建业，其中果然说"一阐提人有佛性"，和他先前的主张完全相合，人们才佩服他的卓越见识。他即于庐山精舍开讲《涅槃》，穷理尽妙，务使听众悟悦。后来竺道生于讲座端坐而逝，但涅槃学从此盛行流传。道生从鸠摩罗什问道之后，又返归庐山，成为南方佛教义学最出色的后继者。

　　法净和法领二人也是慧远的得力弟子。他们最重要的贡献是受慧远所托，西行求经。古代中国之为求法而西游者，始自三国时代魏国朱士行，他在讲授般若学的时候，感于该经文句简略，义理艰涩，令人难以理解大乘之旨，于是从洛阳远行出关，西渡流沙，辗转到了大乘经典的集中地于阗，终于获得

《放光般若》的梵本。这次求法行动历经二十三年。朱士行这位我国最早出家之僧，最后竟然死在于阗，"散形异域"。在朱士行之后，东晋咸安年间（371~372），僧纯也曾前往拘夷国（龟兹）求戒本。隆安年间（397~401），法显、智严、宝云等十余人赴印度求取戒律。去时取道流沙、嶮岭，费时六年始告抵达。停留印度六年，归途又费时三年。十余人中有二人横死于北印度，一人留在中印度华子城，其余在前往印度的路上就已分散，而经海路回国时只存法显一人。其艰难求法之情况，由此可窥。法净和法领的西行求法过程也非常艰辛。据史料记载，当佛经最初传播到江东之时，多有未备，禅法几乎不为人所知，律藏也很残缺。慧远感慨佛法不全，就令法净和法领远寻众经。他们踏沙践雪，终于获得了诸新出大乘经典梵本二百余部，请回大乘禅师一人，三藏法师一人，毗婆沙法师二人。对此，僧肇曾感叹道：这真是光耀千秋的壮举！

昙邕本姓杨，关中人，少仕苻坚所在之前秦为卫将军，"形长八尺，雄武过人"。曾随苻坚军队南征，失败后回长安，从道安出家，此时道安已经垂垂老矣。道安逝世之后，昙邕即南游师事慧远。据说他非常博学，"内外经书，多所综涉，志尚弘法，不惮疲苦"。他所做的最重要的事情是为慧远入关致书鸠摩罗什，往返传达，十余年间不负使命。庐山和长安在当时能声气相通，全赖他出力。他还写信请昙摩流支翻译《十诵律》。从某种角度而言，他是慧远忠实的信使。但是慧远对昙邕看起来并不满意，因为慧远门下具有神足和才华的人不少，而昙邕又喜用言辞压人，所以慧远基于各种考虑，将昙邕"赶出"东林寺。昙邕奉命出山，无一毫不满之色。他在出山后并没有走远，与弟子昙果在庐山西南侧营建茅屋"澄思禅门"。在慧远弥留之际，昙邕在"临亡之日，奔赴号踊，痛深天属"。可见他对慧远的依赖之深。后来昙邕到荆州弘法，卒于荆州竹林寺。

僧彻本姓王，寓居襄阳，年十六入庐山受业，慧远一看就感到惊奇，问他道："宁有出家之意耶?"僧彻答道："能够远尘离俗，是我本有的心愿。"于是从慧远受戒。史载他遍学众经，尤精般若，讲《小品》旨趣，为同学所推服。与慧远年轻时期相似，僧彻也有非凡的文学才华，据说他"一赋一咏，辄落笔成章"。慧远说散乱之言违背佛法，僧彻听后遂不复作。在他二十四岁的时候，慧远破格让他讲授《小品般若经》，众人看他年轻，又不闻于世，都不看好他。不料在僧彻登坐后，"词旨明析，听者无以折其锋"。在慧远门下，僧彻是比较出色的一位。后来他南游荆州，历住江陵五层寺、琵琶寺，一时名流多从受戒法。刘宋元嘉二十九年（452）卒，年七十。

慧远门下的其他弟子还有：慧观，本姓崔，清河人，少年出家，游方参学，中年以后到庐山从慧远受业，鸠摩罗什入关，他又北游咨访异同，辨勘新旧，精思入微，撰《法华宗要序》，深得鸠摩罗什称许。后随觉贤同到庐山，又一同到荆州，转赴建康住道场寺。他精通《十诵》，广习诸部。著有《辩宗论》《论顿悟渐悟义》《十喻序赞》及诸经序等，卒年七十有一。僧济，通大小诸经及世典，长于讲说，太元中入庐山受学，特蒙慧远赏识。后以感疾，专志净土，卒年四十有五。道祖，吴国人，少就台寺依支法济出家，精勤务学。后与僧迁、道流等共入庐山受戒，慧远称其易悟。道流撰《诸经目》，未就而卒，他为之完成。曾至建康瓦官寺讲说。愤桓玄欲使沙门礼敬王者，还归吴地台寺。玄钦重其为人，令郡官送他来京，他托病拒绝，元帝元熙元年（419）卒于台寺，年七十二。昙顺，黄龙人，少曾从鸠摩罗什受业，后师事慧远，长于义学。南蛮校尉刘遵在江陵建竹林寺，物色住持，慧远特命他前往。其弟子襄阳僧慧传其学，善讲《涅槃》《法华》《十住》《净名》《杂心》诸典。法安，以戒行严谨著称，兼习禅业，善讲说众经。慧要，通经律，尤长巧思。以庐山缺乏刻漏报时，他就山泉创制十二叶芙蓉，顺着泉水流转以定昼夜六时，未尝差失；传说他尝作木鸢，能飞行数百步。道汪，本姓潘，长乐人，综习经律，尤精《涅槃》，后被迎住武担寺为僧主。道温，本姓皇甫氏，安定朝那人。初师事慧远，后北游长安问学于鸠摩罗什，善大乘经，兼通数论。刘宋孝建间（454~456）被召住宋都中兴寺，大明年间（457~464）任宋都僧主。昙诜，长于义学，著有《维摩注》及《穷通论》等。

孟子曾经说过，君子有三乐，其一是父母俱存，兄弟无故。其二是仰不愧于天，俯不怍于人；其三是得天下英才而教育之。君子有此三乐，即使用国君之位来交换也不答应。在此，孟子将"得天下英才而教育之"视为人生最大的乐趣，就慧远而言，情况也的确如此。

坐禅、诵经、劝化

按照佛经《三千威仪经》中所概括的，出家人所宜三事：一坐禅，二诵经，三劝化。慧远的日常佛事也包括此三者。

习禅是慧远日常活动之一。据《高僧传·习禅》所言，禅定能够通达各种佛教修行方式，同时能洞察到万法的本质，这一切都依赖由"定"发"慧"。犹如池中波涛平息之后就能看见游泳的鱼儿和水中的石头，人的心灵一旦澄净下来，就能洞察万法的本质。按照佛教的说法，"以禅定力，服智慧药"，就有可能获得觉悟。在两晋时代的江东地区，禅法比较流行。据《高僧传》记载，慧远在东林寺内别造"禅林"，将之作为修禅的场所。后来慧远看到江东缺少禅法，就派自己的弟子到西域求关于禅法的佛典，可见他对禅法的重视。慧远的禅法承自其师道安，据说他早年出家时就"别立禅房，以栖静胜"。慧远对当时流行中土的大、小乘禅籍有相当的了解和研习。慧远注重定中念佛或念佛三昧，注重禅与玄智的结合。

讲经说法是慧远在庐山最为频繁的活动。讲经即公开宣讲、演说佛典思想。《世说新语》载："远公在庐山中，虽老，讲论不辍。弟子中或有惰者，远公曰：'桑榆之光，理无远照，但愿朝阳之晖，与时并明耳。'执经登座，讽诵朗畅，词色甚苦，高足之徒，皆肃然增敬。"慧远说法有很多有趣的传闻，据说有一位狂妄的法师名慧义，顽强而无所忌惮，有一天他要到庐山来，对慧远的弟子慧宝说，你们都是庸才，跟随众人附庸慧远，一味迎合，今天看我如何反驳他。在他们到达庐山后，慧远正亲临讲席，主讲《法华经》。慧义法师每次想要质疑慧远，马上心惊胆战，冷汗直流，一句话也不敢说。慧远讲法终结后，慧义出来对慧宝说，远公说法真让人惊叹！王阳明《远公讲经台》诗云："远公说法有高台，一朵青莲云外开。台上久无狮子吼，野狐时复带经来。"阎尔梅也有《讲经台》诗："蹒跚列坐讲经台，菜子花从乱水开。水外有山山不尽，白云晴处大江来。"

斋会和唱导是慧远重要的劝化活动。在我国传统中，有设斋食供养僧众做法会的做法，例如水陆大斋、千僧斋等斋会。斋会场合下的说法，也称唱导。自庐山慧远以后，行唱导者渐多。慧远口才出众，传播佛教的方式也多种多样。唱导是其中最为特别的一种。《高僧传》还有一个"唱导类"专门收取那些以宣唱佛理为务的"唱导僧"，他们的宗教宣传对象包罗广泛，从庙堂宰辅到贫贱村夫。唱导往往有感人至深的力量，谈无常则令心形战栗，语地狱则使怖泪交零，征昔因则如见往业，核当果则已示来报，谈怡乐则情抱畅悦，叙哀戚则洒泪含酸。于是阖众倾心举堂恻怆，五体输席碎首陈哀，各各弹指人人唱佛。佛教还认为，唱导僧需要具备随机应变的四种能力：声、辩、才、博。非声则无以警众，非辩则无以适时，非才则言无可采，非博则语无依据。如为出家五众则须切语无常苦陈忏悔，若为君王长者则须兼引俗典绮综成辞，若为悠悠凡庶则须指事造形直谈闻见，若为山民野处则须近局言辞、陈斥罪目。这些讲说技巧的变化都要根据当时的情况而定。慧远有随机说法的天赋，文辞又非常典雅动人，所以刘宋以来的唱导僧都祖述慧远。据《高僧传》记载："盖以宣唱法理开导众心也。昔佛法初传，于时齐集，止宣唱佛名，依文致礼。至中宵疲极，事资启悟，乃别请宿德升座说法，或杂序因缘，或傍引譬喻。其后庐山释慧远，道业贞华，风才秀发。每至斋集，辄自升高座，躬为导首。先明三世因果，却辩一斋大意。后代传受，遂成永则。"这就是说，慧远在每次斋会的时候，都亲自登堂，带领大家唱导。通常是先说明三世因果、业报轮回的道理，最后讲明斋会大意。这种说法程序后来成为固定的规范流传下来。

第 4 章

群英荟萃　不敬王者

　　唐代以诗画闻名于世的禅僧贯休有一首题为《十八贤影堂》非常形象的诗，描述慧远及其门下切磋佛法、共研佛学的情状。诗曰："白藕池前旧影堂，刘雷风骨画龙章。共轻天子诸侯贵，同爱吾师一法长。陶令醉多招不得，谢公心乱入无方。何人到此思高蹋，岚点苔痕满粉墙。"诗中提及的几位正是当时闻名遐迩的大名士或隐士，包括刘遗民、雷次宗等人。他们有的共同聚集在慧远的周围，虔心修道，不敬王侯，完全没有附庸世俗的权贵的情状，却能够"同爱吾师一法长"，这种抗衡权贵的精神使后人景仰非常。

　　慧远到达庐山后，"率众行道，昏晓不绝"，可以说振兴了南方佛教。后来，随着慧远影响逐渐扩大，各地来访的佛教信众逐渐增多，史载"谨律息心之士，绝尘清信之宾，并不期而至，望风遥集"。他们放弃了世俗的荣华富贵，决心跟随慧远参悟世间的苦难，以求精神的解脱。此外，慧远还延请西域来的高僧僧伽提婆来庐山居住六年，使他有了一个稳定的安居译经之所。此外，慧远还和北方的佛教领袖鸠摩罗什有紧密的联系，他们通过书信，以问答的方式探讨了大乘般若学的一系列问题。这些书信都流传下来，成为我们考察东晋佛学的第一手资料。慧远与鸠摩罗什之间的联系，实际上是南北两大佛教团体的联系。除了两位领袖之外，两大教团的弟子之间也经常通过书信切磋佛法。虽然时有争论，却也反映了当时佛学研究气氛的活跃状况。在中国佛教史上，这是殊胜的因缘，也就是古人所说的"众美合流，可久可大"。

名士和隐士

刘遗民是跟随慧远修行净土宗的著名隐士，彭城（今江苏徐州）人，名程之，字仲思。他是汉代皇族楚元王刘交的后裔，从年轻时就喜爱老庄，旁通百家。一开始任政府官员，曾经担任府参军和宜昌、柴桑县令。宜昌和柴桑都是离庐山较近的地方，刘遗民就是在这两地做官的时候结识了慧远大师。他非常钦慕慧远，于是暗暗储存官俸，以为"入山之资"。不久，桓玄篡位。这次政变彻底打消了刘遗民对于尘世的留恋，遂抛弃乌纱帽，入庐山师事慧远。史料记载他"结庐西林，蔽以榛莽"，过着非常艰辛的隐居生活。白居易曾有诗描述此事："心知不及柴桑令，一宿西林便却回"。表达了对刘遗民抛弃世俗官位名利勇气的敬佩之情。后刘遗民又于山中别筑一室，精修禅法，凡十五年，频感佛光。刘遗民与慧远相交的事迹集中体现在二人在东林寺共同创立了"白莲社"誓愿往生净土的行动上。刘遗民还特地撰写了《庐山白莲社誓文》，以志此事。该文辞意典雅，至今传诵不已。他还和慧远诗词问答，如慧远有一首酬答刘遗民的诗写道："理神固超绝，涉粗罕不群。孰至消烟外，晓然与物分。冥冥玄谷里，响集自可闻。文峰无旷秀，交领有通云。悟深婉中思，在要开冥欣。中严拥微兴，临岫想幽闻。弱明反归鉴，暴怀傅灵熏。永陶津玄匠，落照俟虚昕。"此外，刘遗民还和慧远共研般若学理，曾代慧远撰书信，和北方佛教的英才、鸠摩罗什高弟僧肇探讨"般若无知"的要义。刘遗民诗文玄理俱佳，史料记载，他在慧远发起的同题共咏活动中的一首诗《念佛三昧咏》传到北方佛教中心长安后，大家都称赞他为"能文之士"。义熙六年（410）冬，刘遗民预感到自己离开人世的时刻到了，就焚香礼佛，面西端坐而化，享年五十九，传说他"西面端坐，敛手气绝"。他的"遗民"之号，据传系刘宋武帝表彰其不屈所敕。在历史上，他还与周续之、陶潜一同被称为"浔阳三隐"。

宗炳（375~443），南阳人，字少文，刘宋时隐士。庐山十八贤之一。统治者曾多次召其出仕，均辞而不受。他遁入庐山，从慧远修习净土法门，历经五载。宗炳性好山水，往必忘归。他曾西陟荆巫，南登衡岳，所到之处则结宇山中，以遣尚平之志。后因病回到荆州，修行禅定以养老。他所撰《明佛论》是论述形神关系的著名文字，又是护持佛教的典范论文。该文也是慧远神不灭论的进一步引申。值得注意的是，在《明佛论》中，宗炳还描述了慧远师门情状，他说："昔远和上澄业庐山，余往憩五旬，高洁贞厉，理学精妙，固远流也……是以神明之化邃于岩林，骤与余言于崖树涧壑之间，暖然乎有自。言表而肃人者。"宗炳在此为慧远勾画出一副寄生山林岩壑之中砥砺修行的山僧形象。

雷次宗（386~448），豫章南昌人，字仲伦。少入庐山，师事慧远大师，从之学三礼、毛诗，并修净业。其后，立馆于东林寺之东，为东林十八贤之一。他是一位真正的隐者。慧远去世后，他于元嘉十五年（438）接到宋文帝召他入京师的敕令，他拒绝应诏，而在鸡笼山开馆舍，聚徒百人，办了一个民间讲习所。后来，宋文帝又强行征召他到京师，无奈之下，他来到京师，入住文帝为他建造的京城钟山西岩下的招隐馆。钟山，即今天的南京紫金山。雷次宗的职责是教太子读书，但他从不入公门，通常自华林园东门入延贤堂为太子诸王讲经。是年无疾而卒于钟山，世寿六十三。他跟随慧远学习的不止佛教义理，还包括三礼和毛诗这些儒家经典。在《与子侄书》中，雷次宗说自己年幼时就有游学打算，"虽在童稚之年，已怀远迹之意"，到了弱冠之年，遂托业庐山。他也曾描述自己在慧远门下的情形：于时师友渊源，务训弘道。外慕等夷，内怀悱发，于是洗气神明，玩心坟典，勉志勤躬，夜以继日。

周续之（358~423），东晋雁门人，字道祖。十二岁入豫章太守范宁门下受业，通五经、五纬，人称十经童子。及长，闭户读书，虔信佛法，精通般若妙理。后入庐山，师事慧远，于莲社修业。景平元年殁，世寿六十六。当东晋画家及雕塑家戴逵将自己写的《释疑论》送到庐山请慧远师徒批评时，周续之也一起讨论该文，并撰《难释疑论》反驳戴逵的观点。刘宋武帝北伐时，太子曾迎周续之入安乐寺，讲《礼记》月余，复还归庐山。武帝践祚，召至都间馆东郭外，乘舆行幸问《礼经》（《仪礼》）。世称通隐先生。由此可见，周续之不仅精通佛理，对于儒家经典尤其是最为艰深的三礼之学也甚为熟悉，并有专业化的研究。

谢灵运（385～433），刘宋时代著名文学家。陈郡阳嘉（今河南省）人，字宣明。晋车骑将军谢玄之孙，世称谢康乐。少好学，博览群籍，工于书画，文章尤美，冠于江左。尝入仕刘宋，历任散骑常侍、太子左卫率、永嘉太守等职。做太守后，他辞官返乡，闲适自得，悠游于山水间。后遭诬告，被流放至广州，元嘉十年处死，时年四十九。谢灵运信仰佛教，嗜读佛书，与慧琳诸僧结为深交。著有《辩宗论》，祖述道生顿悟之说。又与慧严、慧观等人将北本四十卷《涅槃经》加以修治，编集而成南本《涅槃经》（三十六卷）。另撰有《金刚般若经注》（已佚）。其所撰诗文，收在《谢康乐集》中。谢灵运出身名门，兼负才华，但仕途坎坷。为了摆脱自己的政治烦恼，常常放浪山水，探奇览胜。他的诗歌大部分描绘了他所到之处，如永嘉、会稽、彭蠡等地的自然景物，山水名胜。他是中国山水诗人的著名代表，但是他的山水诗大多是玄言诗，一半写景，一半说理。诗的理大多表述老庄思想。谢灵运和慧远的关系非常有趣。他们虽然有很多机会见面，但是最后仅有"一面之缘"。义熙年间的一天，谢灵运方登庐山拜会慧远。这导致人们的多方猜测，有一种说法认为谢灵运在慧远结社拜佛的时候曾自己凿东西二池塘，种上白莲花，以此表示加入莲社的诚心，但是慧远认为他"心杂"，并没有允许他加入念佛团体。该传闻来自嵩仲灵《钞书记》所记载的一则逸闻："灵运欲入社，远拒之曰：'子发鬓而须美，面与身庞，非令终之相。请多行阴德，戒饬三年而后可。'灵运怒曰：'学道在心，安以貌耶？'"所以本章起始所说的贯休才有"谢公心乱入无方"的诗句。上述传闻自然是添油加醋之说。其实在慧远圆寂后，谢灵运受慧远弟子之请为慧远撰写了碑铭（《庐山慧远法师碑》）和诔（《庐山慧远法师诔》）这两篇千古文字。当我们联想到慧远也在晚年将《佛影铭》的撰写任务交给谢灵运，便可推知他们二人的关系并非一般了。

殷仲堪也是东晋一位高门贵族子弟，他生年未知，于399年去世。他的祖父殷融曾任晋吏部尚书，也是一位名士。叔叔殷浩曾担任将军，同样是一位名士。殷浩本来就对佛经有所造诣，史载他看见佛经，曾说过"理亦应阿堵上"这样的话，意思是说，佛教经典是不能用金钱衡量的。仲堪擅长清言，在清谈才华方面与韩康伯齐名。他受东晋孝武帝重用，后来在安帝时，与叛逆的桓玄作战，兵败后为玄追兵所获，桓玄逼令他自杀。殷仲堪精于玄学，对于《庄子》《老子》和《易经》这"三玄"尤为熟悉。392年，殷仲堪赴荆州上任时经过庐山，遂入山向慧远致意，他们在庐山北涧松下交谈终日，却不感到疲倦。据说他见慧远后感叹道："识信深明，实难为庶。"认为慧远的见识和涵养是当时最为出色的。慧远也非常欣赏殷仲堪，认为他才辩如流泉一样迅捷，说"君才之辩，如此流泉"。总之二人是相见恨晚，互相推崇，惺惺相惜。后来他们谈话的地方就被命名为"聪明泉"，成为庐山胜迹之一。值得注意的是，在交谈的过程中，殷仲堪向慧远请教的问题是："《易》以何为体?"慧远回答道："《易》以感为体。"殷仲堪又说："铜山西崩，灵钟东应，便是易耶?"慧远笑而不答。二人的问答的主题其实在于宇宙万物根本关系问题。得出的结论是世界上任何事物都处在相互交感的关系之中。可见这是一场纯粹哲学的探讨，显示了双方的哲理领悟能力。

对峙王权

上文提到的桓玄是与慧远命运有关的一个重要人物。桓玄与慧远之间的交往促成了一场佛教和王法间的严峻对立。他们之间的论战后来成为佛教与政治关系的重要思想史文献。慧远也因其直面帝王之尊位，刚正不阿而获得佛教护法的崇高美誉。这在一个以政治为本位的国度里是难能可贵的。我们记得慧远的师父道安法师曾因为弘法的艰难而感叹"不依国主，则法事难立"！道安此言是有见于帝王在弘扬佛教过程中的荫翳作用。的确，在当时的政治氛围中，来自帝王的支持是佛教得以顺利传播的重要因素。一些成就卓越的佛学家以及他们的活动大多受到帝王的扶助。甚至有一些帝王将佛教领袖视作"国师"，他们举全国之力来争取这些佛教领袖。佛图澄、道安、鸠摩罗什都曾经面对这样的尴尬局面。与慧远同时代的鸠摩罗什也曾得到后秦国君姚兴的大力支持。由此可见，慧远对王权的拒绝是个非常出格的行动。

慧远对于王权一直持不卑不亢的态度。对于那些尊敬佛法的君主，慧远还之以尊敬；对于那些向佛教挑战、意欲控制佛教弘传的当权者，慧远则以德报怨，并没有从个人前途和名利的角度考虑问题。前者，有慧远与姚兴的交往为例；后者，有慧远与桓玄的论辩为证。姚兴（366~416），北方十六国时期后秦统治者，与慧远大致生活在同一时代。他是著名的佛教信仰者，即位不久，邀请龟兹高僧鸠摩罗什来长安讲学译经，支持法显赴印度等国取经访问，轰动一时，遂使长安成为当时全国的佛教中心。慧远对姚兴的兴佛举措无疑是非常赞赏的，他在《大智论钞序》中写道："于时秦主姚王，敬乐大法，招集名学，以隆三宝，德洽殊俗，化流西域。"认为正是姚兴扶持佛教的政策使得鸠摩罗什奔赴长安。鸠摩罗什到达长安后，姚兴亲自写信给慧远告诉了这件佛教大事。姚兴也非常钦重慧远，据《高僧传》记载："秦主姚兴，钦风名德，叹其才思，致书殷勤，信饷连接，赠以龟兹国细缕杂变像，以伸款心，又令姚嵩献其珠像。"鸠摩罗什译就《大智度论》，姚兴就写信给慧远，请他作序。史籍记载："兴送论并遗书曰：'《大智论》新译讫，此既龙树所作，又是《方等》旨归，宜为一序，以伸作者之意。然此诸道士，咸相推谢，无敢动手。法师可为作序，以贻后之学者。'"当觉贤受到鸠摩罗什排挤，无法弘扬其小乘禅学，不得不离开长安时，慧远不仅邀请他及其弟子到庐山从事翻译工作，还为他写信给姚兴，请求他调解鸠摩罗什和觉贤之间的紧张关系。通过以上交往，我们可以看到慧远和姚兴之间的融洽和相知的关系。

桓玄（369~404），字敬道，又名灵宝，从他的名号中可以看出他更欣赏道教。他也是高门贵族出身，乃东晋大司马桓温之子。桓玄和殷仲堪既是政治军事上的对头，又是清谈中的对手。《世说新语》中记载桓玄多次与殷仲堪终日谈论不辍，"每相攻难"。但是一旦殷仲堪担任荆州刺史，他们之间的利益矛盾就出现了。荆州是重要的军事据点，是心存叛乱的桓玄极力获取之地。而桓玄也最终达到了自己的目的，诛杀了殷仲堪。桓玄和慧远之间的矛盾也与殷仲堪相关。据说桓玄在征伐殷仲堪的途中路过庐山，他仗着自己的淫威要求慧远过虎溪来迎接。但慧远与外界人物的交往一向不过虎溪，这次也不例外，慧远遂称病不能迎接。桓玄的左右谏言道，殷仲堪曾经入庐山礼敬慧远，您不要再礼敬他了。桓玄也承诺对慧远不加礼敬。但是一旦二人相见，桓玄看到慧远的威严，不自觉地双膝着地，重加致敬。他们的交谈一直是在看似平淡实则紧张的气氛中进行。如桓玄质问慧远道：《孝经》说身体发肤，受之父母，不敢毁伤，为什么佛教徒要剪掉自己的头发，不能遵循孝道呢？慧远反击道：僧人这样做是为了以更重要的方式"立身行道"，言下之意是认为佛法高于儒道。桓玄不由称赞慧远的机敏。此后，当桓玄向慧远解释征讨殷仲堪的事情时，慧远"不答"，借此表示自己对世间政治事务的不关心。在二人会谈之后，桓玄对左右感叹道："实乃生所未见。"此后，桓玄诛灭殷仲堪，代替后者为荆州刺史。402 年，桓玄攻入建康城，篡夺东晋实权，自命为太尉。他以"震主之威"写信，苦相延致，要求慧远还俗，并担任朝廷官职为自己服务。慧远严词反对，志逾丹石。此即谢灵运《庐山慧远法师碑》所言："桓氏以震主之威，力为屈致。法师确然贞固，辞以老疾。"

慧远为什么不是委婉回绝，而要严词拒绝呢？从桓玄写给慧远的信中可以看到具体原因。桓玄的信带有某种来自权位的傲慢，并有强烈的攻击意味。他写道，佛教徒抛弃六亲之情，毁伤父母赐予的形骸，与世间正常人行动相抵触，他们虽然毁坏习俗，却比平常人还要俗气。要真正达到佛教要求的高度，百代之久凡有一二人依稀仿佛，人生短暂，忽焉将老，您还是趁早还俗吧，希望您能接受我的意见。这封信带有逼迫的意味，措辞非常强硬。慧远在回信中，首先强调"然贫道出家，便是方外之宾"。虽然不能达到历代高僧大德的崇高品质，却也"取其一往之志"，削除饰好，落名求实。如果真的存在死后世界，那么僧人在此幽冥中的果报也一定要比俗人要好。人生苦短，如白驹过隙，岂可不为将来作准备，一心修道？可以看出，慧远的回信强调了佛法相对于世法的优越性，并坚持认为王权不能管辖方外（佛门）。这是一种非常有勇气的不卑不亢的态度。

慧远和桓玄的交锋不止一次，也即是在写信给慧远的前后，桓玄下达沙汰僧人的敕令。在该敕令中，桓玄写道，佛教贵无为，要求绝欲。但是近来的佛教徒却不能达到这一点，他们在京师骄奢淫逸，喧嚣于街市之中。他们贪财物，避徭役，许多罪犯也逃离刑律躲入寺庙，乃至一个县里有数千人，猥成屯落。桓玄列举了种种沙门堕落现象，为自己沙汰沙门寻找理由。值得注意的是，也许出自对于慧远的敬畏，也许是害怕触犯大众舆论，桓玄在沙汰僧人的同时，要求手下不要进入庐山，说"庐山道德所居，不在搜简之列"。慧远本不愿涉入政治，但是此事关系到佛法的存亡，于是他改变了自己远离政治的初衷，亲自给桓玄写信。谢灵运《庐山慧远法师碑》透露出慧远写信的动机："惧大法之将沦，抗言万乘。"慧远在给桓玄写的信即《与桓玄论料简沙门书》中，承认佛教界的堕落现状，表示痛心疾首，说"佛教陵迟，秽杂日久，每一寻思，愤慨盈怀"。他认为都邑沙门有越视听者，应该加以限制和处罚，但是在那些边远的地方，由于错误地理解敕令，也会产生假借符命，滥及善人的情况，表示自己深深忧虑。他规劝桓玄要向古代外国帝王学习，因为他们多"参怀圣典"，根据时代的需要"助弘大化，扶危救弊"。慧远认为，佛教的弊端应该革除，但是桓玄应该保护佛教的正常发展，这也是为了治理国家。在这件事后，慧远特地撰写了《沙门不敬王者论》，系统论述了自己的观点。

沙门不敬王

传统中国是一个伦理道德本位的社会。政治势力不仅存在于政府，而且渗透到乡民社会和其他各种组织之中，并且由于政治和伦理的结合，这就给政权统治下的人民以更难堪的压力。在先秦时期，庄子即感叹"无所逃于天地之间"，虽然他摒弃、诅咒不合理的政治势力，但是由于世俗政治权杖的强大，也无法避免政治势力的骚扰。到了秦汉以后，政治对社会自由的压制更加明显，每个知识分子都浸透了政治的气息。在这种情形下，佛教如欲避免政治力量的介入，显得难如登天了。那么，佛教能否在世俗社会之外建立一个相对清净、不受政治干涉的领地呢，能否拥有一个"世外权杖"呢？

早在东汉佛教传入中国之际，由于要获得社会上层的支持，僧人乃步入王侯之所，成为"养客"，在宫廷和王府里面传教。应该说，借助王侯的支持，佛教的初传较为顺利，虽然有人对佛教不履行儒家"礼数"，作过激烈的批判，但也仅止于言论而已。到了三国时期，由于佛教在民间的广泛传播，佛教徒承担着严峻的压力。不仅要直面大众的指责，而且政治人物也投之以警惕的眼神。在两晋时期，佛教与政治的关系成为佛教与社会关系中的主要矛盾，佛教受到现实政治的压力越来越大。在这种重压之下，鸠摩罗什不得不娶妻纳妾，令人啼笑皆非。慧远的师父道安也是如此。在辗转黄河南北的过程中，道安深切地体验到，如果不借助世俗政治的力量，不仅佛教教团自身难以安保，并且弘法传教的影响也大打折扣。于是就不断地和当时的胡人统治者苻坚、石虎、石遵打交道。例如，石虎将道安迎至邺都华林园供养起来，此园乃石虎征调民工十六万人建成，其间死亡达数万之多。道安居于此民愤郁结之所，应该是非常难受的。由上文看来，佛教的社会传教事业既需要获得政府的容许，又需要借助世俗政治的力量传教。此外，佛教团体又必须拥有不受政治干涉的自由空间，以维持自身的独立性和尊严，这个任务就落在了慧远身上。

桓玄在沙汰沙门的同时，还制定了另外一条敕令，命令沙门要礼敬王者。这条敕令出乎意料地引发很多事端，其重要贡献，在于为中国佛教史留下了一场关于沙门是否应礼敬王者的大讨论。这场讨论主要在以桓玄及其手下为强势的支持方，和以慧远为代表的反对阵营之间展开。该论辩的源头要追溯到东晋成、康之时。当时，主张以儒家礼学治国的车骑将军庾冰，怀疑佛教徒与国家当权者对立。他认为礼敬是"为治之纲"，万乘之君和区域之民应该有尊卑等级之分。据此，庾冰认为东晋境内的沙门都是晋国子民，应该遵循礼教的尊卑之分。对于庾冰的提议，当时的另一位学者何充坚决反对。他认为佛教自从释迦牟尼创立始，就不拜王者，此后各个朝代也都允许沙门不敬王，在中国的汉魏逮晋，也不曾有人提出异议。此外，佛教有自身的戒律，此戒律作为行为规范与世间王化本质上是一致的，并且最终有助于维护王化。时间过来近一个甲子轮回，登上高位的桓玄为要佛教团体驯服，又挑起了这场论辩。桓玄认为庾冰的建议"言之未尽"，于是写下《与八座书》。八座指的是朝廷八个部门的重要长官。桓玄之所以要写信给他们，是要求他们理解自己的想法，从而统一行动。可见，桓玄这次反佛运动是筹谋已久、安排周密的。对于桓玄这种侵犯行为，慧远用一封回信来解答；而在桓玄撤销了沙门礼敬王者的命令后，慧远又撰写了《沙门不敬王者论》。

这场论辩牵涉一些很复杂的关系。让我们先来看一下桓玄的挑战性观点。在《与八座书》中，桓玄认为六十年前庾冰和何充间的论辩，双方都有爽失。庾冰虽然意在尊主，但是说理不透彻；何充出于偏信佛教说法，却冒犯了名教的规定。接下来，桓玄正面表述自己的意见，他说，无论在任何地方，礼敬都是治理的根本。老子也将王侯和天、地并列，称为"三大"，认为天地之大德曰生，而王者的职责在于畅通百姓生活，治理万物。所以"礼实唯隆"，难道仅仅是虚相崇重？其目的在于把礼敬王者当作维护天地秩序的象征。沙门存在于世，岂有受君王的恩德却不遵循礼仪，得到君王的恩惠而不加礼敬呢？这是理所不容，情所不安的一件大事。由此可见，在这封《与八座书》中，桓玄从各种理论角度进行探讨，援引老子道家、儒家和佛教自身的观点来论证沙门应该礼敬王者。桓玄的高明之处在于他虽然是国家权势人物，却不是从权势的角度进行政治施压，而是从义理的角度让佛教徒没有退身的空间。但是明眼人一下就看到了桓玄的政治意图。司徒王谧是一个信奉佛教的士大夫，主张沙门不应敬君王。另外一位尚书令桓谦也撰《答桓玄论沙门敬事书》，认为佛教在世法之外，不应该以世间的规矩来约束佛教。如果今天使佛教徒致敬，那么或许今后会发现佛教徒还有其他应该改变的行为方式，这样的改变越来越多，恐怕佛教就不是佛教了。

在这种阻力下，桓玄写信给慧远，请慧远作出决断。桓玄写道，沙门不敬王者，既不容于情，又不合乎理，现在将我写给"八座"的信给你看，你可以陈述沙门不应敬王者的道理，以解开我的疑惑。在这样的情形下，慧远撰写了《远法师答》。慧远写道：出家人是方外之人，与世俗事务相隔离。我们认为人之所以有种种苦难，原因都在于肉身，所以要努力修行，期待获得解脱，从而避免人世的苦难。我们知道人的生存是来自宇宙的大化，所以不顺从大化，转向服从佛教真理。由此可见，佛理与世法相逆，道与俗反。在这种情况下，所有在家出家的修道者，都隐居以满足自身的追求，不从俗来贯彻佛道。不从俗，所以衣服典章与俗世的规定不一样。修行者的隐居行为方式是一件非常高尚的事情。这样做，就能够拯救世俗的困境，从六道轮回中解脱出来，为人们追求佛法，开人天之路廓清了方向。所以在我看来，出家人虽然不能够亲自奉养父母，却不违反孝道；虽然不能恭奉君王，却也不触犯礼敬。慧远最后的话非常感人。他说，我已垂垂老矣，等待着从人世间离开，我所珍惜的难道仅仅是一己的苟存于世吗？我的目的在于使佛法僧三宝在这个世界上振兴起来，并且明德流芳于百代之下罢了。假使一定要推行沙门礼敬王者的典制，必将迫使佛教长时间地沦落，如来大法也就消逝了。这将使天人感叹，道俗革心。我所期待的佛教振兴的图景将在何处实现？我由于受到如此隆重的礼遇，所以要尽兴表达自己的思考。但是在执笔的时候，却因为满怀悲懑，不觉涕泗横流！或许是受到慧远的真情所触动，或许是来自所遭受的阻力。桓玄看到慧远的复信，对于推行该项法令犹豫不决。不久桓玄篡位，颁行《许沙门不致礼诏》，敕令"诸人勿复礼也"。这件事遂如此了结。慧远在之后的《沙门不敬王者论》中，对整个事件的过程及其中所涉及的理论问题作了进一步清理。《沙门不敬王者论》是佛学史上一篇重要的文字。

据《高僧传》记载，慧远交往所及，上至东晋安帝司马德宗、宋武帝刘裕、后秦国君姚兴，下至司徒王谧、篡臣桓玄、荆州刺史殷仲堪、江州刺史桓伊，此外还有民间道教的领袖卢循等。如果仔细推究这些政治人物的身份，我们会发现许多矛盾的地方。从他们之间的关系上考察，姚兴非华夏正统，而晋安帝司马德宗、宋武帝刘裕却是正统。晋安帝虽是帝王，却为桓玄和殷仲堪所废。而桓玄和殷仲堪虽同是逆臣，后来却关系恶劣，最终殷仲堪为桓玄所杀。由此可见，慧远能够稳妥地处理与这些身处庙堂的帝王和处心积虑的奸雄之间的关系，除了一些世俗的智能而外，更重要的是不涉世俗利益的争斗，完全以弘法为目标，"影不出山，迹不入俗"。

关于衣服的争论

中国向为礼仪之邦，从先秦以来，对于服饰制度有诸多规定，这些服饰制度渗透了很多儒家思想。儒家强调衣着的差别，意欲以此种等差反映社会阶层的区别。许多儒者认为这种等差能够强化社会等级制度，从而使得社会秩序不致紊乱。如荀子曾说过："衣服有制，宫室有度……皆有等仪。"在荀子看来，这种原则要反映到每个阶层的服饰规定上，他说："礼者，贵贱有等，长幼有差，贫富轻重皆有称者也。故天子朱裷衣冕，诸侯玄裷衣冕。大夫裨冕，士皮弁服。"荀子的思想为汉代哲学家董仲舒所采用，他说："贵贱有等，衣服有制，朝廷有位，乡党有序，则民有所让而不敢争。"这是将服饰规定提升到区分贵贱的重要性来看待，以为这是使得民众不敢犯上作乱的关键因素之一。所以先秦两汉以来，对衣着的控制目的在于社会控制。当然从相反的视角看，衣着秩序的紊乱也反映了社会控制力量的衰微。这里有一个例证：魏晋名士对儒家礼法的反感首先体现在他们敢于着奇装异服，甚至裸袒而坐。这当然引起当时的保守派的激烈抨击。此外，在儒家保守派看来，佛教徒将自己的右肩裸袒出来也是令人侧目的行为。于是在慧远那个时代，关于僧侣应该如何穿着这一看似细枝末节的问题竟然引起了一场论辩。

就佛教服饰制度而言，穿着袈裟是戒律所规定的。袈裟的披着法分为两种：袈裟披覆左右两肩之法，称为通肩；若右肩露外，称为偏袒右肩。通肩适宜乞食、坐禅、诵经、经行等场合；修供养时，为便于做事，应须偏袒。在佛经中，对穿袈裟讲了很多的好处。佛教传入中国后，僧人一直面对种种批评。如《牟子理惑论》中记载了儒者的如下批评：皇帝垂衣裳而天下治，在于他制定了服饰制度；箕子陈述洪范《五行》的治国方略，也将容貌作为最重要的问题提出；孔子撰述《孝经》，认为服饰是三德之始；古代贤人都强调要正其衣冠，使得别人从外表上就尊重他，例如原宪虽然身处贫困却始终戴着华丽的冠帽；子路在战死之刻仍然不忘将帽子上的缨带结好。现在沙门将头发剃光，披着赤色的布，见君主长上也无跪拜的礼仪，亦无优雅的盘旋之容止，为何如此过分地违反礼服的制度，与缙绅之饰相悖呢？慧远同时代的何无忌也责难道：三代的礼仪规范有所差异，文质之变也完备地记载在古代典章上，而佛教不受它的限制，将如何解释自己的服饰制度呢？

慧远在《沙门袒服论》中针对古今对佛教袈裟的质疑，作了系统的答辩。他说：当上古民众的朴质之性尚未完全亏损时，礼仪是非常简单的。到了三皇时代，礼制随时代变化而有所发展，与时俱变。由此观之，那些质疑者所依据的只是世俗的教条罢了。因为中国所缺少的事物，或许在异邦民俗那里还保存着。那里的民众还很淳朴，所以上古的大道还未丧失。天竺之国的服饰制度，乃是为了对自己尊崇的对象表示崇敬和诚挚之心，所以他们都是袒服的，这是去除了那些不必要的服饰荣华。佛陀出世后，按照这种礼仪制定教化之道，明确规定穿着右袒的袈裟。所以说僧人是坚持越名分以背时，不退己而求先的原则的。慧远还解释道，僧人之所以将右肩袒露出来，是为了方便做事情，因为相对于左手而言，右手行事是比较方便的。此外，慧远还从儒家经常谈论的贵贱角度来论证，他说，世俗规定左贵右贱，这并非出于自然，佛教为了纠正世俗的看法错误，所以要右袒而服，由此表明自己"求宗而不顺化"的精神。

第5章

江山虽邈 理契则邻

　　东晋是佛学东传的重要时期，在约一百年的时间里（317～420），我国哲学完成了从玄学到佛学形态的转变。从东晋开始直到隋唐五代，佛学代替儒学成为引领时代哲学思潮的学问。在佛学自身的理论建构方面，不仅般若学得到了准确的弘扬，而且毗昙学、禅学、律学、净土思想通过译经和著述也得到了传播。在东晋时代，整个中国范围内有两大僧团，北方有鸠摩罗什僧团，专弘般若中观学；南方有慧远僧团，其特点是广纳百川、兼容并包，以推动净土教的传播。由于当时的重要译僧大多自北方的丝绸之路来到中国，所以北方的佛学力量一开始要更强一些。慧远通过邀请来自西域的重要译师到庐山研习，或与北方佛教领袖通过书信探讨学术问题，或派遣弟子到国外取经，使得南北佛学思想的交流得到充分的展开，极大地促进了佛教文化的沟通。

神交鸠摩罗什

在东晋（北方为后秦国）时期，庐山和关中是南北佛教的阵地。在北方，鸠摩罗什受到后秦国主姚兴的礼遇，大力弘传般若中观学；在南方，慧远聚集江东释门弟子，推进各种佛教理论研究。从鸠摩罗什入关始，慧远和鸠摩罗什就远隔千里之遥互通款曲，彼此钦慕。他们之间的交往成为中国佛教史上的一篇佳话。

鸠摩罗什（344~413）是和玄奘同等重要的译经家。他来自龟兹。龟兹是西域重镇，具体位置在今新疆维吾尔自治区库车县一带。龟兹文化地理位置非常重要，北倚天山，南对昆仑，西通疏勒，东接焉者，为丝路北道的要冲。自公元4世纪以来，此地与西北印度佛教的中心地互有交流，遂与西域南道的于阗并为佛教文化的重镇。鸠摩罗什本为上层人士，其先代本出婆罗门族，在印度世袭高位。父亲鸠摩罗炎，弃相位出家，东渡葱岭，远投龟兹，被龟兹王迎为国师，后被逼和王妹耆婆结婚，生鸠摩罗什和弗沙提婆兄弟二人。鸠摩罗什于七岁随母亲一同出家。通读佛教大乘、小乘经典，兼通五明诸论和世间方术，善于谈论。所谓"五明"，系指印度佛教关于世间技艺的说法，包括：一、声明。声即声教，明即明了。谓世间文章算数建立之法，皆悉明了通达，故曰声明。二、因明。因即万法生起之因，即对于世间种种言论及地水火风万法之因，皆悉明了通达，故曰因明。三、医方明。医方即医治疾病的方法，即对于世间种种病患，或癫痫虫毒，四大不调，鬼神咒诅，寒热诸病，皆悉明了其因，通达对治，故曰医方明。四、工巧明。工即工艺，巧即巧妙，谓世间文辞赞咏，乃至营造城邑，农田商贾，种种音乐卜算，天文地理，一切工艺巧妙，皆悉明了通达，故曰工巧明。五、内明。佛教被称为内教，即关于以持戒治破戒，以禅定治散乱，以智慧治愚痴，乃至种种染净邪正，生死涅槃对治之法，皆悉明了通达，故曰内明。鸠摩罗什有一个中文译名叫"童寿"，即在幼年时期即有耆长者的智慧。但是鸠摩罗什更倾向于佛教大乘空宗，此宗又名般若中观学，明一切法本空，采取"中道"的观点看到世间和出世间一切法。这一派的代表人物是龙树和提婆。中国之所以是大乘佛教的国度，和鸠摩罗什大量译出大乘经典有密切的关系。

鸠摩罗什来华经历也是富于传奇色彩。一开始，在苻秦建元十五年（379），中土僧人僧纯、昙充等游学龟兹归来，称述龟兹佛教盛况，说到龟兹有一个青年沙门鸠摩罗什，才智过人，明大乘学。时高僧释道安在长安，极力奖励译经事业，听到鸠摩罗什在西域有这样高的声誉，就一再劝苻坚迎他来华。建元十八年（382），苻坚遣将攻下龟兹，迫使鸠摩罗什入关。但是他的手下将领莫测鸠摩罗什智量，又见他未达高年，便以常人对待，并强迫他和龟兹王女结了婚，还时常使他乘牛，并用劣马来戏弄他。次年，苻坚被杀，吕光割据凉州，自立为凉王；鸠摩罗什相随至凉州，遂被留在那里，后来姚苌继苻坚称帝于长安，慕鸠摩罗什高名，曾虚心邀请，而吕光父子忌他智高多能，不放他东行。鸠摩罗什被留凡十七年，隐晦深解，无法弘传。到了姚兴嗣位，于弘始三年（401）出兵西攻凉州，凉主吕隆兵败投降，鸠摩罗什才被迎入关内，这时他已经五十八岁了。姚兴对鸠摩罗什十分敬重，待以国师之礼。宗室显贵如姚旻、姚嵩、姚显、姚泓等都信奉佛法，尽力维护，公卿以下莫不归心。而长安当地名僧群集，法化颇盛。弘始四年，鸠摩罗什应姚兴之请，住逍遥园西明阁，开始译经。他先译出《阿弥陀》等经，接着就着手创译《大智度论》和《百论》。次年，姚兴以旧译诸经文多乖失经旨，劝请重译《大品般若》，并选宿旧义学沙门僧肇、僧迁、僧睿等五百余人参加译场。弘始六年，鸠摩罗什校订了《大品》译文，译出《十诵律》的大半，并重治《百论》译文。以后继出《佛藏》《菩萨藏》《摩诃般若波罗密经》等经。从弘始八年起，他迁住大寺，续出《法华》《维摩》《华手》及《小品般若》等经，《中论》《十二门论》《大智度论》等论，最后又应请译出《成实论》。他在译经之暇，还常在逍遥园澄玄堂及草堂寺讲说众经。鸠摩罗什为人神情开朗，秉性坦率，平时虚己善诱，专以大乘教人，而善于辨析义理，应机领会，独具神解。但是鸠摩罗什最主要的成就毕竟在翻译方面，而翻译正是当时中国佛教最迫切的任务。

鸠摩罗什对于汉地佛法本就非常关心，尤其叹服慧远师父道安的见解。当他于401年应姚兴之请到达长安不久，听说道安已经去世十六年，不禁"悲恨无极"。在此时，能和道安的高足慧远进行南北对话，也算是意外的惊喜吧！令人非常遗憾的是，虽然鸠摩罗什在汉地十年，由于政治分裂，南北阻隔，两人无法相见，共话平生，但这并不妨碍他们在佛法上的交流。他们通过书信、门徒等途径一直保持着较为密切的联系。后来，鸠摩罗什住的长安逍遥园和慧远住的庐山东林寺分别成为北南佛教的中心。

鸠摩罗什一到长安，慧远即写信致意。信中说：您从国境之外长途跋涉来到中国内地，我听到这个消息就非常欣喜，但是由于江湖阻隔，难以相见，非常令人感叹！慧远还替鸠摩罗什做了一件袈裟，以此表达对鸠摩罗什的敬重。他说："今比量衣裁，愿登高座为着之。并天漉之器，此既法物，聊以示怀。"鸠摩罗什在回信中说，我们从未面晤，又文辞殊隔，语言不通，阻碍了心路的沟通。从传驿来的情况，大略知道您的风貌和品德。究竟怎样沟通、表达我们的思想，必然会有一种办法。佛经上说，在东方会有护法菩萨的出现，估计就是阁下了。鸠摩罗什称赞慧远具备福、戒、博闻、辩才、深智五种德行。关于慧远所赠袈裟，他说："损所致比量衣裁，欲令登法座时着，当如来意，但人不称物，以为愧耳。"认为自己无法达到慧远所推崇的境界，深觉惭愧。这当然是客气话。在回信中，鸠摩罗什还回赠自己从西域带来的鍮石双口澡灌（黄铜矿石所做的佛具），以充法物之数。由于信息不通畅，两人之间还存在一些误会。有一次慧远从一位北地南下的僧人那里听说鸠摩罗什要返回故国，心里感到非常惆怅，他写信致意，信中写道：每天都有清凉之气吹来，你那里近来状况如何。上个月法识道人来说，您将要回国去了，我听后心里非常惆怅。先前听说您要翻译出很多经书，所以有许多疑难问题要向您求教，如果您真的要回国了，那可是太遗憾了。现今有几十个问题，希望您能抽暇解答一二，这些问题虽然都不是经书中的大难题，但也要靠您来决断。鸠摩罗什在回信中表示自己没有回国的打算，正要在东土弘扬大乘佛法，他并就慧远所提出的问题一一开答，这就是《大乘大义章》。

此后，鸠摩罗什在到达中国的第四年翻译了般若学最重要的经典《摩诃般若波罗密经》，次年，他又翻译了对此经的解释论著，此即龙树菩萨所造的《大智度论》。《大智度论》是般若中观学派的最重要的四论（另为《中论》《百论》《十二门论》）之一。本论的内容涵盖甚广，无论哲理、历史、地理，乃至僧团的实践法规，皆有详述。其所引用的经论遍及大小乘，如原始佛教圣典、部派佛教诸论书，及早期大乘佛教的《法华经》《华严经》等，故本书亦成为研究印度大乘佛教兴起时代的重要资料，甚至可视为大乘佛教的百科全书，对中国、日本的佛教学者有很大的影响。姚兴在该论翻译好之后马上送给慧远，并写信说：《大智度论》刚刚翻译完毕，这是古印度佛教哲学家龙树所著，又是一切大乘佛教的重要著作，汉文译本应该有一篇序言，以表明作者的意图。然而这里的僧人们，都相互推谢，没有人敢于承担。特请法师作一篇序言，以留给后来的学道之人。慧远看到《大智度论》的汉译本时，欣喜非常。慧远回信说：您请我为《大智度论》作序言，以表明作者的意图。贫僧听说：高大的身材不能穿小衣服，在深井里打水不能用短绳子，披阅《大智度论》后，感到有愧于您的希望。

而且近来体弱多病，很多应该办的事情都没有办。收到您的来信后，很长时间没有回信，是因所嘱托的重任，我不能承担。由于《大智度论》的高深的境界，应当由更高明的人为它作序。慧远虽然出于谦虚，没有为《大智度论》作序，但他鉴于《大智度论》内容广博，文繁义隐，不便初学，乃删繁就简，将《大智度论》的重要语句抄出，成 20 卷，以利后学。并作序（《大智论钞序》）道："其人以般若经为灵府妙门宗一之道，三乘十二部由之而出，故尤重焉。然斯经幽奥厥趣难明，自非达学鲜得其归。故叙夫体统辨其深致，若意在文外而理蕴于辞，辄寄之宾主，假自疑以起对，名曰问论。其为要也，发轸中衢启惑智门，以无当为实，无照为宗，无当则神凝于所趣，无照则智寂于所行，寂以行智则群邪革虑，是非息焉。"意思是说，龙树认为《般若经》是佛法的总纲领，是所有佛经意蕴之所出，所以他非常看重《般若经》。但是龙树也考虑到《般若经》非常深奥，它的理趣难以表达，于是就自为宾主，自问自答，而成《大智度论》。该论的主旨是以无当为实，无照为宗，也即是说，用般若观照实相。此论一出，所有关于般若学的疑难都获得解答了。慧远在此所说的话有预见性，据史料记载，翻译本论之际，佛教界正盛行《般若经》的研究，且众说纷纭，待本论一出，诸说顿息。自南北朝至隋、初唐，华北地区特别盛行本论的研究，甚且形成学派。这是慧远与《大智度论》的因缘。

在中国古代，学人之间的交游往往成为思想史上的重要事件，慧远和鸠摩罗什之间即是如此。慧远和鸠摩罗什，一处于庐山之谷，一处于中原腹地，二人同为东晋时期南北佛学双璧。由于他们两人及其弟子的努力，这南北两个佛教领袖及其教团之间的往来频繁。他们通过书信和人员往来的方式，一方面交流着各自的佛学思想，取长补短；另外一方面当然也会有激烈的争论。无论是赞同还是争论，都在中国文化史上留下了为后人景仰的一页。他们之间的关系是真正的"和而不同"的"君子之交"。慧远和鸠摩罗什的这场学术辩难体现在《大乘义章》中。上文说的慧远曾在信中提出几十个问题期待鸠摩罗什解答，鸠摩罗什作了详细开答。二人的往复书信后来被辑为《大乘义章》（又名《大乘大义章》《鸠摩罗什法师大义》《法问大义》《问大乘中深义十八科》）这一著名典籍。此时慧远已经七十五岁高龄了。《大乘义章》所涉及的十八个问题包括：问答真法身、重问答法身、问答法身像类、问答法身寿量、问答修三十二相、问答受决、问答法身感应、问答法身佛尽本习、问答造色法、问答罗汉受决、问答念佛三昧、问答四相、问答如法性真际、问答实法有、问答分破空、问答后识追忆前识、问答遍学、问答住寿义。鸠摩罗什于本书中直接阐明对于大乘佛教教义及信仰之理念，并将龙树、提婆一系的中观佛教思想介绍至我国，促成般若等大乘经典的翻译与研究。又书中反复论述有关佛、菩萨法身的问题，显示此为慧远及当世佛教界所共同瞩目的焦点。此外，由慧远、鸠摩罗什的问答，亦可作一中印思想、文化的比较。让我们以一个有趣的问难和解答回合来说明这一点。慧远有如下提问："菩萨乘平直往，则易简而通，复何为要迳九折之路，犯三难以自试耶？又三乘之学，犹三兽之度岸耳。涉深者，不待于假后。假后既无功于济深，而徒劳于往返。若二乘必是遍学之所迳，此又似香象，先学兔马之涉水，然能蹋涉于理深乎？如其不尔，遍学之义，未可见也。"在佛教中，菩萨是指以智上求无上菩提，以悲下化众生，修诸波罗密行，于未来成就佛果的修行者。慧远认为，遍学菩萨业已能够获得无上智慧，为何要经历那些不必要的曲折之路来获得佛法真谛呢？如同香象、马和兔子三种动物过河，兔子是浮在水面上过河，马是触沙而过河，香象是深深地踩着沙底而过河。菩萨如同香象一样，"蹋涉于理深"，又何必要先学习兔子和马的过河方式呢？何必要经九折之路，遭受地狱、恶鬼、畜生道的三难呢？从慧远的提问中，我们可以看到他深受中国传统思想中注重直接、注重自证的思考方式的影响，因而对印度佛教产生了疑惑。鸠摩罗什回答道："佛说遍学，为以导二乘人故。如佛本为菩萨时，虽知六年苦行非道，但为度邪见众生故，现行其法，既成佛已，毁訾苦行，说言非道。闻者即皆信受，以佛曾行此法，实非道也。若菩萨但学大乘法者，二乘之人谓，菩萨虽总相知诸法，而不能善解二乘法也。"就慧远所举"三兽"的疑难，鸠摩罗什巧妙地回答道："言三兽者，如兔不能及象马之道。马不能及象所蹋，如马要先迳兔道，然后自行其道。香象要先迳兔马之道，后乃自倒其地。菩萨亦如是，先洗二乘之地，然后自到其道也。"由此可见，在回信中，鸠摩罗什极力说明遍学菩萨为了拯救众生出苦轮，需要一一亲历众生所遭遇的问题。从《大乘义章》中，我们可以看出慧远的善问和鸠摩罗什的善答，问和答都体现了他们对于佛教般若学的极高深的领悟能力。

慧远深知鸠摩罗什的重要地位，也希望自己的弟子能够向他学习原汁原味的印度大乘佛学，于是，慧远秉持"学术为天下之公器"的精神，派遣自己的弟子道生、慧观、道温、昙翼等相继北上逍遥园请益，他们在成为慧远的弟子后，又成为鸠摩罗什的弟子。这为二人之间的友谊又添加了一重内涵。

刘遗民与僧肇

慧远和鸠摩罗什之间的南北对话并没有终止，还通过他们的弟子或拥护者继续进行。作为南北佛教僧团的中坚人物，鸠摩罗什的弟子僧肇和慧远的朋友刘遗民，也曾就般若学问题往复探讨。僧肇（384~414）是东晋时期的佛学英才，少年以佣书为业，遂得历观经籍，亦爱好老庄。据说他对《道德经》不是十分满意，认为它玄远之道还未尽善，感叹道："美则美矣，然期神冥累之方，犹未尽善也！"后来僧肇看到旧译《维摩经》，披寻玩味，始知所归，因而出家。不久即以"善解方等、兼通三藏"知名。鸠摩罗什从西域到达甘肃的时候，僧肇远道往从学，并一直追随鸠摩罗什到长安。继而秦主姚兴请鸠摩罗什入西明阁及逍遥园翻译佛典，他和僧睿等相助详定，列席译场，咨禀鸠摩罗什，所悟更多。作为鸠摩罗什最初的弟子，僧肇被称为"法中龙象"。僧肇著有《肇论》，此书由《不真空论》《物不迁论》《般若无知论》《涅槃无名论》和《宗本义》组成，每一个论都解决了当时佛学论辩的疑难问题，尤其是对于般若学"究竟空"的解释，更为当时人所激赏："秦人解空第一者，僧肇其人也!"

鸠摩罗什于弘始六年（404）译就《大品般若经》时，僧肇有感而发，写成《般若无知论》，凡两千余言。当鸠摩罗什看到《般若无知论》以优美言辞表达般若玄理时，赞叹道："吾解不谢子，辞当相挹。"意思是说，我的理解能力不下于你，但是言辞方面就要向你学习了。要知道，这个时候的僧肇才二十三岁。后来，道生要回到南方去，遂于408年的夏秋之交将僧肇所作《般若无知论》携往庐山，将它呈献南方佛教领袖慧远和刘遗民。据说刘遗民先见到此论，阅后感叹道："不意方袍，复有平叔。"因以呈远公。慧远"详省之"，也非常惊叹僧肇的洞察力，甚至抚着桌几感叹道："未尝有也!"但是刘遗民和慧远还有一些问题不能理解，于是就由刘遗民写信给僧肇，提出了自己的疑问。刘遗民的信写得非常典雅，他首先表达了自己对僧肇的景仰之情，说："古人不以形疏致淡，悟涉则亲。是以虽复江山悠邈，不面当年，至于企怀风味，镜心象迹，伫悦之勤，良以深矣。"意思是说，古代风格高远的人不因为互相分离而使友情渐淡，只要思想相通则非常亲切。我们虽然远隔山河无法见面，但是我对您非常向往。刘遗民还在信中以动人的笔触描述慧远的情况，他说："远法师顷邬履宜，思业精诣，干干宵夕，自非道用潜流，理为神御，孰以过顺之年，湛气若兹之勤。"这是一副自强不息的智者形象。僧肇在回信中也表示自己非常期待与庐山僧团的佛学交流，而由于江山邈远，不能当面请教，非常可惜。但是他又说："服像虽殊，妙期不二。江山虽邈，理契则邻。所以望途致想，虚襟有寄。"他认为只要思想上有契合之处，就如同近邻一样亲近。僧肇还请刘遗民转达自己对慧远大师的问候，说："承远法师之胜常，以为欣慰。虽未清承，然服膺高轨。企伫之勤，为日久矣。公以过顺之年，湛气弥厉。养徒幽岩，抱一冲谷，遐迩仰咏，何美如之！每亦翘想一隅，悬庇霄岸，无由写敬。致慨良深，君清对终日，快有悟心之欢也！"

　　刘遗民所提出的三个问题都是关于般若特性的。其中包括般若之体寂和照用的关系、般若之无惑取之知的原因等。僧肇在回答时主要从中观学的辩证法立场，讲述了般若中观学有无不二、无知即真知的精神。通过这场问答，南方佛教阵营对中观学方法有了更深的认识。在鸠摩罗什和僧肇去世，他们所弘扬的般若中观学在北方受尽冷落之后，南方梁陈之际产生了许多弘扬他们思想的佛教学者，这些学者将二人的中观理论发展为三论学派，并进而组织成三论宗。鸠摩罗什和僧肇都被推为三论宗的祖师，他们的思想之所以在南方得到弘传，与慧远和刘遗民对般若学的推进有很大关系。

襄助佛典翻译

　　慧远到达庐山之后，毅然开始筹划"取经"和"译经"。我们首先简要介绍一下慧远组织"取经"的过程。据史料记载，在佛经最初传到"江东"（长江下游芜湖、南京以下的南岸地区）的时候，佛典门类大多缺失，这体现在禅法几乎不为人所知，律藏也有很多没有传过来，慧远于是派遣众弟子到国外寻找经典，他们中最为著名的是法净、法领。他们历经无数苦难，终于完成了任务。谢灵运《庐山慧远法师碑》说："法师深存广图，大援群生，乃命弟子迎请禅师，究寻经本，逾历葱岭，跨越沙漠，弥旷年稔，并皆归还，既得传译，备尽法教。是故心禅诸经，出自庐山，几乎百卷。"可见，慧远派遣弟子寻经的目的是菩萨道慈悲为怀的精神，他的弟子翻山越岭，穿越沙漠，也终于为中土带来了所缺经典。谢灵运曾说明，出自庐山翻译的经典有几百卷，也就是说，慧远在其后半生主持翻译的佛经达百万字之多。在中国佛教史上，"西行求法"的壮举屡次出现，这反映了中国古代佛弟子为"真知"不惜一命的气魄。唐代一位西行僧义净曾作《取经》诗概括了这个历史，诗云："晋宋齐梁唐代间，高僧求法离长安。去人成百归无十，后者安知前者难！路远碧天唯冷结，沙河遮日力疲殚。后贤如未谙斯旨，往往将经容易看。"鲁迅曾夸赞道："我们自古以来，就有埋头苦干的人，有为民请命的人，有舍身求法的人，这就是中国的脊梁。"在鲁迅看来，这些求法僧正是"中国的脊梁"，这也并非过誉。

慧远更大的贡献是组织译经。中国本无佛法，中国佛教是文化交流的结果。译经是中国佛教自身发展最主要的途径，最初的译经任务由来自印度或西域的外国高僧担任，他们克服重重困难，"傍峻壁而临深，蹑飞緪而渡险"，为中国带来了佛教典籍，为中国人理解佛法提供了第一手的凭借。此外，译经的重要性还体现在佛学理解的准确性方面。因为在翻译中难免出现错误，所以有些经典是屡次翻译的，同一部经的不同译本之间自然存在着质量的高下，例如"般若"类经典。正如慧远认为的那样，从佛法东传到他所在的东晋，很多人都做过翻译工作，但是译出的经论或则"文过其意"，或则"理胜其辞"，通常都不符合印度佛教本意。古代译经是一项系统工程。首先是译师。从东汉末年以来，我国历史上有很多著名的译经师，众所周知的古代译经家之中，有鸠摩罗什、真谛、不空、玄奘这"四大译师"。由于佛经都是由古印度梵文，或西域诸国转译文字写成，而懂得这些文字的译师是极为稀少的。其次，译经需要得到朝廷的赞助。延请译师，为他们提供食宿和翻译团体，不仅需要财力，更需要大量的时间和精力投入，这显然不是一个收入微薄的僧人能够做到的，所以组织译经一般只有朝廷才有力量来推动。最后，译经需要良好的文化氛围，通常大规模的译经都在长安、洛阳等中心城市的"译场"中进行，这些大城市能够为译经的顺利进行提供足够的文化支撑。在佛教弘传史上，慧远是少有的以个人之力推动佛经翻译工作的人物。此外，还应当注意到，慧远对译经的重视显然秉承了他的师父道安的观点。道安非常重视译经，不仅四处搜集译本，还编写了一个译经目录（世称"安录"），同时为很多译本作译序。道安对于佛经翻译有着独到的见解，曾提出"五失三不易"之说。即是说汉译佛经有五种情形易失原意，而有三种难译的情形。

当慧远在庐山度过八年之后，所作的最重要的决定是延请僧伽提婆翻译毗昙学经典。在佛教的理论组织中，毗昙学是研究毗昙（阿毗昙）的学问。毗昙，亦即"大法"，又译为阿毗达摩，包含对经验现象界的分析与对超经验界的证悟，尤其重于对各种因缘的探讨。中国人在思想上一向偏于圆融思维，轻于细密的分析思维。鉴于毗昙学是促进中国人佛教思维水平提高的重要的学问，而此时毗昙学在北中国正方兴未艾，慧远见微知著确定了翻译毗昙学经典的意向。僧伽提婆是北印度罽宾国人，为人俊朗有深鉴，而仪止温恭。他出家以后，远访明师，又洞察物情，诲人不倦，尤其擅长《阿毗昙心论》。《阿毗昙心论》是阿毗昙的概括提升之作，纵览全文，它是通过对万法名相的细密分析来表达对佛教解脱论的看法。慧远认为该论之所以名为"心论"是因为它是"三藏之要颂，咏歌之微言，管统众经，领其宗会"。提婆在中土住了四五年，已渐解华语，才知道前译多违失本旨。太元十六年（391），提婆于庐山般若台译出《阿毗昙心论》四卷、《三法度论》两卷，慧远都作了序文，这一年慧远五十八岁。慧远对僧伽提婆的翻译非常满意，他在《阿毗昙心论序》中这样写道：来自北印度罽宾国的僧伽提婆从年轻时就深通《阿毗昙心论》，玩味甚久。在他来到中土之时，我恰好有机会邀请他来庐山。这段话表明慧远和僧伽提婆的相知过程。据说僧伽提婆在翻译的过程中，自己一边手拿来自印度的"胡本"，一边把它翻译为中国话（晋言）。他的翻译态度非常谨慎，每一章都要核对三次才过关。慧远僧团请僧伽提婆翻译的第二部佛典是《三法度经》（一名《三法度论》）。该论出自佛教最古老的经典《阿含部经》，其主旨是"以三法为统，以觉法为道"，就佛学立场而言，该论是主张"胜义人我"的。《阿毗昙心论》和《三法度经》翻译过来后，慧远和庐山其他僧众即开始研习，从而树立了南方毗昙义学的先声。到了刘宋时代，南地毗昙之学愈盛。在刘宋都城建康（今南京），很多僧人都在诵习大乘经典而外，兼习毗昙，最后形成了一个规模较大的毗昙师阵营。

安帝义熙元年（405），慧远已是七十二岁高龄。他听说西域龟兹僧人昙摩流支来到中国，遂遣弟子昙邕写信邀请他翻译《十诵律》。律是佛教三学（戒、定、慧）之一，乃指比丘、比丘尼应遵守的禁戒。持戒的重要性，正如《法句经》所说："人不持戒，兹蔓如藤。逞情极欲，恶行日增。持戒者安，全身无恼。夜卧恬淡，寤则多欢。"佛教的戒律按照教法的不同可分大乘戒和小乘戒两种：小乘律为修小乘声闻行者应该受持的戒律，大乘律为修大乘菩萨行者应该受持的戒律。此外，戒律按照数目可分为五戒、八戒、十戒、具足戒。所谓五戒就是大家通常所说的不杀生、不偷盗、不邪淫、不妄语和不饮酒五种，这是所有佛教徒都应遵守的戒条。所谓八戒，即是在五戒的基础上增加了不睡不坐高大华丽的床、不追求服饰华美和歌舞、不到规定时间不吃饭这三戒。所谓十戒、具足戒也是在五戒、八戒基础上增删而成，其中具足戒特指僧尼所受的戒条，是他们成为佛门弟子的标志。在魏晋南北朝时期，《十诵律》最为流行。《十诵律》的翻译过程比较复杂。鸠摩罗什最先跟随龟兹僧人卑摩罗叉学习此律，后来他到了中国，听说罽宾沙门弗若多罗诵出《十诵律》之大半，两人决定合作，于是集义学沙门六百余人于长安中寺，由弗若多罗诵出《十诵律》梵文，鸠摩罗什译为汉文。才完成三分之二，弗若多罗入灭。因当时所译只凭口传而无梵本，所以弗若多罗一去世，译事即行停顿。这时适有西域沙门昙摩流支也精于律藏，于405年到达长安，携有《十诵律》的梵本，慧远乃写信请他和鸠摩罗什续译，他遂与鸠摩罗什共译此律成五十八卷。未及删定，鸠摩罗什又入灭了。鸠摩罗什生前，在乌缠国的卑摩罗叉因闻鸠摩罗什在长安大弘经教，于是也远道来到长安。在鸠摩罗什逝世后，他去寿春石涧寺讲《十诵律》，又补译出《善诵毗尼序》（或称《毗尼诵》）三卷，合鸠摩罗什所译共成六十一卷，方称完本。此乃我国广律传译之嚆矢。《十诵律》的翻译乃是一项跨地域、跨国别的合作，包括慧远、鸠摩罗什、弗若多罗、卑摩罗叉这些汉地和西域的高僧。他们怀抱着宗教激情，投身于佛法翻译工作，的确令人感叹！

慧远还摒弃宗派成见，大胆邀请佛陀跋陀罗到庐山翻译《达磨多罗禅经》，致力于推动禅学的弘传。在佛教历史上，《达磨多罗禅经》又称《修行地道经》《修行方便禅经》《不净观经》，是重要的小乘禅经。在慧远所处的东晋，禅学不是很兴盛，但是存在很多关于禅修的错误观念，对于大小乘禅也没有一个清晰的区分。等到鸠摩罗什入关之后，他看到内地大多使用小乘"观法"，遂以般若学精神传播大乘禅。他所译的禅经《坐禅三昧经》号称"关中禅经"。在此之后，鸠摩罗什努力推广大乘禅法，对小乘禅法带有某种宗派的偏见。《达磨多罗禅经》是 5 世纪初西域达摩多罗及佛大先二人所著。（不过，根据近代的研究，经中并无达摩多罗所说的大乘禅法，而以佛大先所说的小乘禅为主。）《达磨多罗禅经》内容叙说数息（计数入息或出息之次数，以收摄心于一境）、不净（观想自他肉体之肮脏、龌龊，以对治贪欲烦恼之观法）等禅观的实修法。相对于鸠摩罗什所传的"关中禅经"《坐禅三昧经》，本经则被称为"庐山禅经"，乃是得自慧远请佛陀跋陀罗翻译该经的事实。据说佛陀跋陀罗首先到达长安，但是在禅观方面与鸠摩罗什有着观点的冲突，无法在北方弘扬禅法。鸠摩罗什的观点无疑带有大乘的偏见，他不知道小乘之法具有基础性的作用。正如《地藏十轮经》所说："无力饮池河，讵能吞大海，不习小乘法，何能学大乘。"据史料记载，过程是这样：当佛陀跋陀罗被北方佛教所拒绝时，他遂与弟子慧观等四十余人马上出发，连夜南下，目的地便是南方的庐岳。慧远久闻其名，听说佛陀跋陀罗来到，好像见到老朋友一样欣喜非常。他派自己的弟子昙邕写信给后秦国主姚兴和关中众僧（当然包括鸠摩罗什），请他们不要摒弃佛陀跋陀罗。在这个时候，慧远考虑到小乘禅对于佛法修行的必要性，遂请佛陀跋陀罗翻译《达磨多罗禅经》。

翻译完成后，慧远欣然作序。在该序（《庐山出修行方便禅经统序》）中，慧远认为："禅非智无以穷其寂，智非禅无以深其照，禅智者照寂之谓。其相济也，照不离寂，寂不离照，感则俱游，应则同趣。"这就是说，禅定和智慧相辅相成，缺少了智慧的禅定无法达到最深的寂静，缺少了禅定的智慧无法深入万法的实相层面。禅定和智慧不能分裂，在佛法修行的时候要一起活动。通过上述言论，我们可以很明显地看出慧远调和大小乘禅的努力，同时也是对鸠摩罗什大乘禅偏执的一种批评。在慧远之后，以庐山为中心的南方佛教非常重视该禅经，并进而形成南方禅观的特色。

第6章

平章华梵　巍然成宗

　　在文化史上，有一种类型的思想家被赞誉为"集大成者"或"百科全书式的人物"，孔子和西方的亚里士多德曾经得到这样的赞誉。慧远也是这样一位综合性的思想家。慧远吸收了本土儒道思想精神，并将这两种思想精神与佛教教理联系起来，从深层次上融合并发扬了东方两大文化传统。此外，就佛学而言，他对佛教本体论、修行观、知识论都有广泛的思考和研究：他洞见我国固有本体论思维和佛教的生命意识的契合点，创造了"法性论"的佛教哲学；他在南中国大力弘传佛教，使得来自印度的"葱外妙典"和来自长安的"关中胜说"传递到南方，塑造了南方佛教的基本特征；他兼采各家，号召深刻研究各种类型的佛学，从而推动了中国佛教的三论学、毗昙学、律学和禅学的发展；他主张"净土念佛"，被后来的净土宗推为初祖；他推动了佛教的民间化和民俗化，使得佛教的天堂地狱说、三世因果报应说家喻户晓，对民间文化作出了杰出的贡献。

宗本法性　形尽神存

慧远对人的生命意识，对佛教怀有"沉机独智，烛微察远"的洞见，这一点尤其体现在他的"法性论"思想中。令人扼腕的是，他的"法性论"思想代表作《法性论》却因各种原因遗失了，仅仅在《高僧传》的慧远传记里留下了一句话："至极以不变为性，得性以体极为宗。"然而，一叶知秋，如果我们从多重视角来审视这句话，却能够慢慢发掘其丰富的文化意蕴。关于法性论的来龙去脉有两种说法：一是谢灵运《庐山慧远法师碑》所言："又以心本无二，即色三家之谈，不穷妙实，乃著《法性论》，理深辞婉，独拔怀抱。"这段话是说，慧远看到当时影响最大的三种般若学理解"本无宗""心无宗"和"即色宗"不能够穷尽佛法真谛，遂自创法性论。（值得注意的是，北方佛教理论家僧肇的《不真空论》也是针对这三种思想而有所批评。）一是《高僧传》中所言："先是中土未有泥洹（涅槃）常住之说，但言而已。远乃叹曰：佛是至极，至极则无变，无变之理岂有穷耶！因著法性论曰：至极以不变为性，得性以体极为宗。"这段话是说，在慧远以前，中国没有涅槃常住不灭的说法。慧远感叹道，佛的果位是世界的终极存在，这一点无可改变，没有改变的道理难道有所局限吗？于是说，涅槃的本质是不变的，而要达到涅槃境界只能采取证悟的方式。《法性论》达到了当时的哲学思维高度，例如当鸠摩罗什发现慧远所著的《法性论》时，不禁发出"边国人未有经，便暗与理合，岂不妙哉"的感叹。近代高僧印光也赞叹道："未睹《涅槃》，即著法性常住之论。"

这些赞叹之言反映出慧远的洞察力，他根据佛教的精神和自己的理解，预言了那些自己尚未见到的佛经的思想。这是因为在中国佛教初传时期，由于很多经典没有翻译过来，时人对"涅槃"的理解就常常产生偏差，他们认为涅槃是佛的修行境界，意思等同于我国讲的"不朽"，或"寿命长远"而已。慧远通过自己接触到西域来的僧人僧伽提婆，了解到涅槃的真实意思，认为"佛"的"涅槃"是人修行最终极状态，这种最终极状态不仅是不朽的，同时也是不变的。中国人往往看到它的"不朽"，却没有看到它的"不变"。慧远的观点无疑将中国人对于涅槃的理解推进一步，虽然他当时没有见到完整的大乘佛教学说，但是却"暗与理合"，得到了北方佛教领袖鸠摩罗什的称赞。这使我们不由想起了他的弟子竺道生的事迹，据说他通过研思"空""有""因果"的深刻旨要，确立"顿悟成佛"的观点。当时凉译大本《涅槃》还没有传到南方，只六卷《泥洹》译出，其中说除一阐提皆有佛性。道生仔细分析经文的义理，主张"一阐提人皆得成佛"。后来大本《涅槃》传到建业，人们看到其中果然说"一阐提人有佛性"，和竺道生先前的主张完全吻合，于是都佩服他的卓越见识。这反映出慧远师徒对于佛教精微的道理有深刻的领悟能力。

慧远的法性思想，并非踏空臆想出来的理论，而是佛教和中国哲学思维发展的结果。

首先，"法性论"是对佛教自身思想演化的总结和提升。这需要我们简单了解一些佛教的教义。从佛教自身的历史发展来看，释迦牟尼在世的时候，创造了原始佛教思想。原始佛教的基本观点是认为人生沉浸在八种苦恼之中，这八苦是生苦、老苦、病苦、死苦、爱别离苦、怨憎会苦、求不得苦、五取蕴苦。释迦牟尼认为，人的出生需要通过分娩而出，是一种苦难；人的衰老、生病和死亡也是不断的受苦；兄弟妻子，共相恋慕，一朝破亡，不能聚首，造成爱别离苦；相仇怨的人却偏偏在一起，叫怨憎会苦；求不得苦指的是不能如愿、不得所欲的苦痛；五取蕴苦说的是色蕴、受蕴、想蕴、行蕴、识蕴聚合成人，所造成的总的苦难。接着，由八苦为理论基点，释迦牟尼还阐述了四谛、十二因缘、八正道、六度等种种对世界的认识理论和修行方法。总的说来，佛教的思想可以归结为"三法印"——诸行无常、诸法无我、涅槃寂静。诸行的"行"，是指一切生灭变化的现象，与"有为"同义。所有的现象，都不曾有一瞬间的停止，是无常的，是生灭变化的，这就是诸行无常的含义。现象，包括物质与心，是常常变化的。"诸法无我"是说，万物都没有固定不变的自体。所谓"我"在这里被当作是永远不会生灭变化的实体或本体。这个无"我"，就是佛教讲的"空"。在理论上，无我与空，即无自性，即无自己固定本体的性质，亦可说无固定性。"涅槃寂静"说的是佛教修行的最高境界"涅槃"的相状。佛教认为，一切众生不知生死之苦，而起惑造业，流转三界，故佛说涅槃之法，以出离生死之苦，得寂灭涅槃。众生以我执之故，起惑造业，因业受报，所以我执是生死流转的根本。若无我执，则惑业不起，当下能正觉诸法实相，一切即是寂静的涅槃。涅槃是从无常、无我的观察中，深悟法性寂灭而获得的解脱。释迦牟尼死后，佛教的教义逐步演化。首先产生了小乘佛教，它认为释迦牟尼是人间的尊者，即使是通过修炼也不可能达到，人的修炼只能达到阿罗汉的果位。而随后产生的大乘佛教则不这样认为，它提倡三世十方有无数佛。综上而言，法性论是佛教涅槃思想发展的思维产物。

其次，"法性论"也是中国哲学思维发展的固有结果。从人类思维发展角度看，法性论作为"本性论"的一种形态，是哲学发展到一定阶段的产物。西方一位智者曾说，哲学来源于惊奇。毫无疑问，人类自从学会语言和思考问题之初，就对世界的起源演化、人类的古往今来以及生命的由来和归宿产生了兴趣。世界的起源变化问题追究的是宇宙论，人类的古往今来的演变追究的是生命历史观问题，人生的由来和归宿演变追究的是人性论问题。可以说，本体论、历史观和人性论是人类灵魂的三大支柱。在中国古代的先秦时期，人们就开始思考世界的起源问题，出现了一些关于宇宙论的杰出学说，提出了太极、阴阳、元气的概念。随后，人们转而开始探寻世界的本性。人们开始追问：既然一些事物和现象都是有生有灭的，因而是虚假的，那么，世界上有没有永恒的和最真实的事物呢？于是哲学的发展就开始从宇宙论走向本体论。魏晋时期，中国哲学思维已经到达了本体论阶段，例如王弼提出"万物万形，其归一也。何由致一？由于无也"，就把《老子》的思想解释为本体论，认为"无"是万物的最真实的本质。但是，魏晋玄学中这种本体论也存在一个问题，它没有把本体的洞见和生命意识和终极关怀联系起来。另外一方面，这种道家本体论也没有给它的信仰者提供一条切实的修行方法，有本体无功夫，仅仅"清谈"是无法餍足人们的哲学追求的。从这方面看，玄学本体论的理论体系略显单薄。慧远的法性论超越魏晋玄学本体论之处体现在它对生命意识的洞见方面。

关于慧远法性论的具体内涵，我们可以从认识论、宇宙论和修行论角度来加以说明。从认识论角度看，法性是万事万物的真实相状。在《大智论钞序》（《大智度论》摘抄集的序言）中，慧远认为，生命万物产生于无法测得的开始，变化存在于万物的不断转换之中。这些都是从无而有，从有而归于无的。将这个规律推广开去，那么，我们可以看到，"有"和"无"都是彼此互为条件的，它们并非世界的本原；"生"和"灭"这两种运行规律都来自宇宙大化，它们都不是主宰。智慧者看到有无生灭相生相待的道理，就会由此逆而上溯，追寻到它的本原。根据佛教的观点，有之所以被执着为"有"，是因为人们以有为有；无之所以被执着为无，是因为人们以无为无。这种执着之有其实是非有，这种执着为无其实是非无。所以，有和无都没有恒久不变的自性，因为它们是"无我"的。也就是说，它们是"没有自性"的。万物没有自性这一观念是佛教的根本思想。这种"无自性"，其实就是"空性"或"性空"。对于这一点，便可称之为"法性"。万事万物都由法性显现出来，所以事物虽然有所呈现，却是"假有"，因为它们没有恒久不变的本质，都处在因缘（条件）的链条之中。它们虽然存在，却是假有的存在；它们虽然没有自性，却能够以虚假的方式呈现出来。所以事物不能简单地说有说无，应该从"法性"的观点来加以看待。

从宇宙论角度看，法性是产生万事万物的根源。在慧远那里，证悟涅槃（体极）的另外两个说法是"反本"和"求宗"。在《沙门不敬王者论·求宗不顺化第三》中，慧远说，所有的生灵万物都来自宇宙大化，虽然它们形态各异，精粗异质，从根本上看可以分为两种：有生命者和无生命者。有生命者能够感触宇宙大化的规律，无生命者对于宇宙大化则没有感情存在。由于无生命者没有感触宇宙大化的能力，它们一旦灭亡，就归于腐朽。而有生命者对于宇宙大化有所感触，则必然产生情感，这就导致它们的感情不断积累下去，带来无穷无尽的烦恼。所谓涅槃就是以世俗生命意识的终结为目标。佛教认为，生命轮回的本质是痛苦，涅槃就是世间迁转流化的穷尽。一旦化尽，则世间的因缘流转链条永远断灭，如果没有断灭的话，则受苦无穷。因此，那些追求反本求宗的人不以生累其神；超越尘世俗见的人不以情累其生，则生可灭，不以生累其神，则神可冥。所谓涅槃，就是"冥神绝境"罢了。

从修行论角度看，法性是修证的最终归宿和最高目标。在中国佛学史上，慧远最初将涅槃本体和生命意识挂起钩来。从"至极以不变为性，得性以体极为宗"这句话中可以看到，作为本体的涅槃（至极）其特性是恒常（不变），因而可以作为生命世界的支撑点，而为了达到对涅槃的圆满理解，就需要体证涅槃的功夫。在此，本体论、功夫论、认识论圆融地结合在一起。涅槃，可译为圆寂，亦可译为寂灭、泥洹、灭度，是修行所欲达到的最高目标。佛经解释道，所谓涅槃就是灭烦恼、灭生死、灭痛苦和大寂静，就是要跳出烦恼的生死流转（轮回）状态。相对于世俗的生活而言，涅槃是一种精神上的解脱。慧远认为，法性即是涅槃，它不能被损坏，也不能被施以戏论（对增益佛法无意义的言论），如果要用比喻来说明的话，法性如同黄石中的金性、白石中的银性，它是万法之最深邃的层面。认识法性，需要我们达到万法的本质层面；体证法性，需要我们通过修行自证此本来面目，这就是涅槃。

此外，我们尚须注意到"法性"与"空"之间的联系。关于法性，慧远有很多描述，在这些细腻的描述中，慧远尤其注意将"法性"与"空"区分开来。慧远认为"法性"不是"性空"，性空是因其所空而得名，而法性是法的真性（真实相状）。据说在慧远倡导法性论后，其庐山教团中曾有人质疑道，佛教有很多解释"空"的经典，这些经典从多角度、多层面，采用不同的描述语来说明空，但是它们在根本上应该一致，为什么你唯独提出"法性"呢？慧远答道，法性之语，是要点明万法的极致，我们一旦认识到万法的极致，智慧也就几乎消逝了。又有人问道，那么体证法性的人将要如何行事呢？慧远答道，人们所能做的就是回归其极而已。佛教给中国思想文化带来的最大礼物是对生命过程的刻画，它认为所有世界事物都与人的生命有本质的联系。慧远的"法性论"首次将这三大层面融合起来加以理解。

慧远对形神关系的论述同样应该引起我们的关注。就人类这种行动者而言，对"形"和"神""身"和"心"，也就是"精神"和"肉体"的关系以及与之相联系的"灵魂"观念的探讨是哲学和宗教思想的永恒主题。从人类诞生之日，睁开眼睛面对世界起，对自我的认识就开始于"身体"和"心灵"的永恒对立。"身体"和"心灵"是这样一对根本的对立，身体看起来是沉重的，心灵是轻灵的；身体是外露的，心灵是隐藏的；身体是有形的，心灵是无形的；身体是有毁坏的，心灵是不可毁坏的。出于这样的考虑，人们开始将心灵作为更值得关注的部分加以考虑。由此产生了"灵魂"（神）观念。"灵魂"（神）和"肉体"（形）的关系构成了哲学探讨的主题。人死之后精神是否能够独自存在的问题一直是先秦以来的哲学讨论的主题之一。随着佛教的输入，该问题又与佛教的基本思想如生死轮回、因果报应、涅槃、佛性等思想交织在一起，成为魏晋南北朝时期哲学论战的对象。在比较中国与印度思想文化传统形神观念的基础上，慧远提出了自己的"形神"思想，这一思想被他浓缩为"神不灭论"。所谓的"神"之存灭，指的是人的形体死亡之后的精神存在与否，是否有能够脱离肉体的精神存在。在慧远所处的时代，"神灭神不灭"成为人们争论的一个焦点。一方面，那些"反佛"的思想家力主"神灭论"，以此抽离佛教的理论支柱；而那些护佛的思想家则主张神不灭论，以此维护佛教的轮回报应思想。慧远是其中最重要的佛学思想家。

慧远形神论是在一系列的论战过程中提出来的。早在先秦时期，管子认为，人的存在是"天出其精，地出其形"。认为精神本质上是一种"精气"。管子之后，孟子、荀子等思想家都讨论过形神关系问题。在中国儒释道三大思想体系中，就儒家而言，在孔子那里业已存在对神灵怀疑的立场，《论语》记载孔子有"祭如在，祭神如神在""子不语怪力乱神""未能事人，焉能事鬼"的话语，表现出对脱离肉体的神灵存而不论的态度。道教主张"羽化登仙"，当然承认脱离形体的精神存在。在佛教传入中国之前的民间思想中，一向认为"人死为鬼"，"鬼"本质上是脱离肉体的精神实体。所以在东汉时代存在一些批评民间鬼神信仰的思想家，例如桓谭认为，精神与形体，如同火和烛。人的气尽，如同火和烛一起消逝，火不能离开烛而独立存在。东汉末年的王充认为，人之所以能够存活，是因为有精气的缘故；人一旦死亡，精气也就消逝了。因为精气从血脉中来，而人死之后，血脉就干涸了。他还质疑道：天下没有离开烛而独自存在的烛火，怎么会有离开形体而独自存在的精神呢？与慧远同时代的思想家戴逵则用"薪火之喻"来说明神灭，也有一个比喻：火焰依凭薪柴而燃烧，人依赖气而享有年寿，我们都知道薪柴有尽头，人的精神又如何能延续下去呢？

大凡宗教，都主张存在着脱离肉体的精神，这种精神可以恒久存在。因为只有持"神不灭论"，才能够为信仰者提供精神上的支撑。对于"有神"与"无神"的问题，佛教有一个演变过程。就佛教自身的立场而言，本来就否认有神论的。因为佛教主张"诸法无我"，万物皆无自性，因其无自性故"空"，如果主张存在一个独立恒常存在的精神实体，则陷入"执我"（执有自性）。但是从理论自足性的视角来审察，如果没有一个精神的载体，那么包括人在内的有情众生在六道中轮回就缺少一个载体，缺少一个因果报应的承负者。所以在印度佛学发展史上，存在弥合这种理论断裂的各种努力，这些佛学思想家力图将轮回的主体（神）描述成为一种非实体的"作用"或"影响"，这种作用或影响能够将有情众生所作之"业"（善恶等作为）传递到其所转生的下一"道"。因此可以说，当初，神的性质问题在印度也没有获得圆满的解决。

在中国佛教思想史上，从最初的佛法东传开始，"神不灭论"的理论形态占据主导地位。如《牟子理惑论》中有如下的观点：魂神固不灭矣，但身自朽烂耳。身譬如五谷之根叶，魂神如五谷之种实，根叶生必当死，种实岂有终亡？但是，《牟子理惑论》这种"根叶"和"种实"的比喻容易导致将神执着为有自性的误区。在东汉以后，人们愈来愈将这种精神实体意味上的神不灭看作佛教的本质思想。如《后汉纪》里有这样一种看法：人虽然死去，精神却没有消逝，它将一直存在，直到转生到下一世。而人在此世所作的善恶之业也将附着在精神上而产生报应。所以所谓的行善修道，无非是"炼精神"而已。

慧远对形神关系的思考集中体现在《沙门不敬王者论·形尽神不灭第五》中。在这篇短文中，慧远自设疑难，自我辩解。他所假设的疑难有如下四点：

（1）人之在世乃是由于禀具气的结果，人所禀之气有精粗，粗者为形躯，精者为精神。这两者本质上并没有两样，它们虽然有精粗的差别，却都属于气的一种，精神虽然微妙不测，却均逃不脱宇宙的大化。由此类推，它们的存在形状是始终依存，不可拆开，如同住在同一个宅中。

（2）生死的本质是精神和肉体的聚散罢了，精神和肉体的结合就是生，精神和肉体的分离就是死。

（3）精神和肉体一旦散灭，则返归到产生它们的宇宙大本，消逝为无，由此反复终始，无有穷尽，这都是自然的变化罢了。

（4）人一旦生命终结，那么精神也就如同液体干涸一样消散了。宅全则气聚而有灵，宅毁则气散。人只有此生，没有来世。

很明显，上述理论具有中国特色，它来源于先秦产生的精气为变思想，并且为管子、桓谭、王充等思想家不断地系统化，可以说是非常严密，难以破斥。

对于上述四点诘难，慧远将自己的论辩重心放到对"神"的界定上。在他看来，精神（神）具有如下非凡的特性：

（1）精神不是一般的东西，而是精微到极致，因而是灵妙不测的事物。例如在《周易》中，神被认为是"妙万物者"，不是卦象所能够显示的。即使那些智慧极高的人也无法确定它的体状，穷尽它变化的幽致，但是普通人却用常识的视角来看待神，所以产生莫名的疑惑，自乱了阵脚，陷入谬见。因为神是灵妙不测的事物，假使我们要谈论它，我们会发现它无法被谈论，在这种"不可言"却又"不得不言"的情况下，我们只能大致描述它的情况。

（2）精神的活动是"圆应无主，妙尽无名，感物而动，假数而行"。它能针对不同的情境有所应答，却没有主体；它微妙到极点，以至于我们无法给它命名；它受到万物的触动而运转，依据理智而行动。它虽然受到万物的触动，自己却非万物的一种，因此万物消逝了，精神却不消逝；它虽然依据理智运行，自己却非理智的一种。所以理智消失了，精神却没有消逝。

（3）有情感欲望则受到外物的触动，有认识则可以用理智来求索。世俗的认识有精粗之别，则理智有明暗之差等。由此可知，情欲是生命流转的原因，而精神又是有情众生情欲的总根源，它有冥移（悄悄地转移善恶之业）之功效。所以人最重要的是反本，不能逐物而迁。

综上而言，在慧远看来，精神是不同于物质的神妙不测之物，它不随形体消散而消逝。不仅如此，精神是有情众生的总根源，它能悄悄地携带众生所造业的果报，在生死轮回的链条中不断转移。慧远论证的神不灭论的主要依据是将精神放到一个不同于形体的层面上来理解。

慧远还援引"薪火之喻"来说明"神不灭"。在前文中，如桓谭和王充曾援引"烛火之喻"来说明"神灭"的观点，戴逵也首次使用"薪火之喻"来说明形尽神灭。戴逵在《流火赋》中说："火凭薪以传焰，人资气以享年；苟薪气之有歇，何年焰之恒延？"意即：生命知觉是以气为基础的，如同火的燃烧以柴为基础。柴尽则火灭，气尽而命绝，哪里存在永不熄灭的无薪之火，和永远存在的没有气的生命知觉呢？慧远的"薪火之喻"巧妙地利用了"烛火之喻"的理论缺陷，他说：火在薪柴之间的传递，如同神在形体之间的传递一样。此薪柴烧灭了，另一薪柴可以将火传递下去，如同精神传递到另外一个不同的形躯上一样。前后的薪柴或形躯本质上是不同类，所以精神可以在不同质的形躯上传递下去。由此可见，有情众生身上的情感和理智相互触动，变化无端，因缘不尽，潜相传递。

但是，慧远的神不灭论必然要面对的一个理论困境是：精神是否是一个有自性的实体？按照佛教传统的"诸法无我""缘起性空"的观念，所有物质的或精神的事物（万法）都是没有自性的，皆处于无常变化的过程中，它们都是假有并且自性本空。那么，慧远所说的精神是符合佛法的根本精神，还是彻底违背了佛的说法？慧远深知，如果这个问题不获解决，那么他就无法作为一个正统的佛教徒存在，自己必然被指责为"外道"。所以他又说："化以情感，神以化传。情为化之母，神为情之根。情有会物之道，神有冥移之功。但悟彻者反本，惑理者逐物耳。"这就是说，众生的生死轮回因为有情感欲望，在生死轮回中，精神也传递下去。所以说情感欲望是轮回之根本，而情感欲望又来自众生的精神。情感欲望因外物而动，精神也慢慢随之迁流。没有觉悟的人则不停地追逐自己的情感欲望，但是觉悟者却能使精神复归涅槃，导向寂灭。在此，慧远的解决方式是将精神解释为一个没有自性的承载体，众生一旦觉悟，神则可以反本（归于寂灭）。而当众生没有觉悟的时候，精神则随情感欲望并且负载着众生的善恶业报在生死轮回中流转。

慧远具有高超的论辩能力，他对"精神"的描述显然在深度上超越以往的那种简单化的气论。他在论辩中所使用的"薪火之喻"要比传统的"烛火之喻"显得严密许多。

慧远的神不灭论在当时的思想家中产生了很大的反响。慧远去世以后，他的高足宗炳著《明佛论》，提出"精神不灭，人可成佛"。这显然贯彻了慧远"悟彻反本"的思想。与宗炳同时代的思想家何承天撰《达性论》，批判宗炳的说法。后来范缜接着何承天的思想锋芒，作《神灭论》以刃利喻形神，从质用的角度论证精神不能脱离肉体而存在。范缜《神灭论》一出，又受到当时的佛教信仰者萧琛、曹思文、沈约等人的批评，梁武帝以万乘之尊，也亲撰《敕答臣下神灭论》，参加到这场"神灭神不灭"的论战中来。值得注意的是，这场论战完全是在思想自由的背景下进行的，真正做到了陶渊明所说的"奇文共欣赏，疑义相与析"。在中国思想史上，不以棍棒相待，不以名利相诱，进行开放、自由和自主的理论探讨的机会并不多，这是这场论辩尤其值得我们回味的地方。

三 报相催　险趣难拔

三世因果报应理论是佛教最为根本的思想之一，也是佛教影响中国民众意识最深刻的观念。它不仅在中国佛教理论著作中得到反复的阐发，也广泛地渗透到民间生活，诸如地狱观念、鬼神观念、善恶观念等根本观念，斋僧、放生、施舍、修桥筑路等民众日常宗教善事活动中去。甚至可以说，维护民间道德规范的思想，与其说是儒家伦理，毋宁说是佛教的行善去恶、因果报应的观念，所谓"不畏后世，无恶不作"。然而，真正理解佛教的报应观念不是一件容易的事情，正如慧远所说："非夫通才达识，入要之明，罕得其门。"从前人们用著草和龟甲来占卜，或因博学通识而举一反三，能够预知未来发生的事情。这些方式虽然能够预知部分的报应，却只是报应论的大概。

因果观念源自佛教的缘起思想。所谓缘起，就是认为诸法皆由因缘而起，由因缘而灭。用今天的话来说，即认为一切事物和现象的出现，都需要一定的关系和条件。所谓"因"，即关系；"缘"，即条件。由于因和缘都是相对性地存在，所以由它们所凑合的事物和现象也不会永远地存在下去。用佛教的话说，就是"诸法无我"和"诸行无常"。佛陀在描述这一现象时，用了一个著名的表达：此有故彼有，此生故彼生；此无故彼无，此灭故彼灭。意思是说：现象因条件存在而生，也会因条件消失而灭。就"人生"这个最通常的现象而言，佛陀说了"十二因缘"的道理，其具体内容是无明缘行，行缘识，识缘名色，名色缘六入，六入缘触，触缘受，受缘爱，爱缘取，取缘有，有缘生，生缘老死。佛陀看到了现实人生的许多阴暗面，他认为只要人不通达佛教的道理，就会一直沉沦在"无明"的状态中，从而在六道中生死流转，所有的人生要素如感觉、知觉、触觉、感情都会逐次生起，从生到死，从死到再一次转生在六道。佛教认为，诸法缘起的规律（包括上述十二缘起）连佛陀都无法改变。就众生而言，因果思想是缘起的一种表现形式。佛教的因果观念来源于对世间苦难世界的确认，对于我们生活的世间，佛经中有各种描述，例如《法华经》曾用"火宅"来描述世间："三界无安，犹如火宅。众苦充满，甚可怖畏。常有生老病死忧患。如是等火，炽然不息。"而一旦理解了佛的道理，按照佛指示的方向修行，就能够从六道的束缚中解脱出来，脱离轮回世界而进入绝对、永远的涅槃世界。

现代著名佛学家印顺曾经将因果的道理略述如下：人类与一切众生，是无限生命的延续；不是神造的，也不是突然而有的，也不是一死完事的。这如流水一样，激起层层波浪；生与死，只是某一阶段、某一活动的现起与消散。众生在某一阶段的现状，需要从其过去所作业中来解释，前世之业决定现世的情况，现世之业又决定来世的祸福，而众生所作之业是永远不会消逝的，所谓"一切众生所作业，纵经百劫亦不亡"。依据这种三世论的信念，便摆脱了神权的赏罚，而成为自作自受的人生观。佛教认为，众生在前生的思想与行为，自利利人的、善良而非邪恶的，今生才能收获善果。而如果今生不再勉力向善，一死便会陷入黑暗的悲惨境遇。佛教认为，从无限延续去看，受苦与受乐，都是行善与作恶的结果。善行与恶行的因力，是有限的，所以受苦与受乐，并不永久如此，而只是生命历程中的一个阶段。任何悲惨的境遇，就是地狱，也不要失望，因为恶业力尽，地狱众生是要脱苦的。反之，任何福乐的境遇，哪怕是天国那样，也不能自满。因为善业力消尽，还有堕落的一天。只要众生依然处于无明状态，没有理解佛的道理，就一定在六道之中轮回。

慧远的三报论之所以重要，在于他改造了中国传统的报应观。佛教因果报应思想的核心是"自作自受"，而在儒家传统中，家庭成为果报的承担者。中国传统中罪福的后果往往由家庭来承担，家庭、家族成为一个单元，所以人们的行为及其产生的后果是一个群体性行为。中国自古即有善恶因果报应的思想，如《易经·坤·文言》就说："积善之家必有余庆，积不善之家必有余殃。"

道教强调神灵对世间善恶行为的监视和惩戒功能，也有善恶因果报应的思想内容。如魏晋时期出现一部《赤松子中戒经》，阐述了通过神灵监照来维持道教徒和一般民众道德水准的道教的伦理教化模式。该经中说："生民茕茕，各载一星，有大有小，各主人形，延促衰盛，贫富死生。为善者，善气覆之，福德随之，众邪去之，神灵卫之，人皆敬之，远其祸矣。为恶之人，凶气覆之，灾祸随之，吉祥避之，恶星照之，人皆恶之，衰患之事，并集其身矣。"又说："天上三台，北辰、司命、司录差太一直符，常在人头上，察其有罪，夺其寿算。""人行善道，天地鬼神赐福，助之增延寿考。"道教的惩戒思想的问题在于它只对那些信奉该学说的人才有效，而一味地强调鬼神的赐福和惩戒，有忽视个人努力的倾向。此外，道教还有承负思想，认为一人作恶殃及子孙，一人作善佑及子孙，任何人的善恶行为都会对子孙产生影响，而人的今世祸福也都是先人行为的结果："因复过去，流其后世，成承五祖，一小周十世，而一反初。"这就是说，善恶报应自身要前承五代，后负五代，前后共十代为一承负周期。

佛教因果报应思想的积极因素在于将众生导向自我修行而得善报。例如在广为流传的佛教故事"目连救母"中，目连家里三个人有不同报应：目连父亲辅相因生前修十善五戒，死后得升天上（天庭、天堂、净土），这是善有善报的应证。其轮回是在所谓的三善趣中，即由人道上升到天道。目连自己则因孝顺父母，投佛出家，故证得阿罗汉果且神通第一，此亦为行善得善报。目连母亲青提夫人却不同，因平生在日，广造诸罪，遂堕地狱，此为恶有恶报。青提夫人从人趣出发，依次轮回地狱、饿鬼、畜生三恶道。

慧远之所以论述佛教因果报应思想，其目的正如其《三报论》副标题所言，乃是"因俗人疑善恶无现验作"。就是说，因为看到世俗人怀疑善恶报应无以验证，所以撰写了这篇论文。除此之外，慧远的撰作还有一层意思，就是为了解释一位隐者戴逵的质疑。戴逵是当时出色的音乐家，又是一名隐修之士。他博学多才，又善于鼓琴，在社会上有一定的号召力。说起来，戴逵和慧远是有一定缘分的。慧远青年时期曾想跟随范宣子一同隐居，最后却未实现自己的愿望。而范宣子和戴逵正好是师生关系，戴逵还成为范宣子的侄女婿。戴逵是一位真挚的艺术家，《晋书·隐逸传》载有戴逵"碎琴不为王门伶"的故事，说的是武陵王司马晞听说戴逵善鼓琴，一次，请他到王府演奏，戴逵素来厌恶司马晞的为人，不愿前往，司马晞就派了戴逵的一个朋友再次请他，并附上厚礼。戴逵深觉受侮，取出心爱的琴，当着朋友的面摔得粉碎，并大声说道："我戴安道非王门艺人，休得再来纠缠。"朋友当下被震住，面带惭色，带着礼品灰溜溜地走了。戴逵善画，一次，他给一家寺院画佛像，想听听大家的意见，但又担心别人不会当面提意见，于是，他把画好的佛像放在寺院里供人参观，后面挂以帷帐，自己躲在帷帐后面，用心记下大家的评论、意见，然后参照进行修改，这样反复多次，直到人人称好。戴逵虽然具有艺术家的浪漫气质，却对魏晋名士中的堕落现象多有谴责。他曾经作《放达为非道论》，认为那些以放达为道的行为是"捐本徇末之弊，舍实逐声之行"，认为"竹林之为放，有疾而为颦者也"，把竹林派抵触礼法的行为看作东施效颦。表现出维护儒家名教的思想倾向。

戴逵对佛教报应思想是有所质疑的。他在给慧远的信中写道，我经常看到佛经上说，祸福之来是因为自己过去积累的行为。所以自从我年轻时期送给老师束修（十条干肉，先秦时期尊师的礼仪，意即从学）以来至白首之年，都遵循教导谨慎行事，说话也不去伤害万物。但是却一生艰难困顿，经历了各种苦难，我顾影自怜，难以遣怀。每当夜半，我独自幽深地思考，胸中充满悲愤，才知道福气的长短和穷达自有定分。佛教积善积恶的说法，只不过是规劝的言谈罢了。戴逵还撰《释疑论》，用激烈的言辞表达了对佛教报应论的质疑："夫人资二仪之性以生，禀五常之气以育。性有修短之期，故有彭殇之殊。气有精粗之异，亦有贤愚之别，此自然之定理不可移者也。是以尧舜大圣朱均是育；瞽叟下愚诞生有舜；颜回大贤早夭绝嗣；商臣极恶令胤克昌；夷叔至仁饿死穷山；盗跖肆虐富乐自终；比干忠正毙不旋踵；张汤酷吏七世珥貂，凡此比类不可称言。验之圣贤既如彼，求之常人又如此，故知贤愚善恶修短穷达，各有分命，非积行之所致也。"在这段话中，戴逵援引历史上著名人物的事迹说明人生命运来自命定。例如，尧舜是古代圣王，却生了不肖之子丹朱和商均；舜的父亲瞽叟很愚顽，却生了舜这个大孝子。颜回是大贤，却短命早死；楚太子商臣弑君自立，却多福多寿。张汤是汉代酷吏，七代子孙都做大官；比干忠直，却受到封王的杀戮。戴逵以这些例子想要说明，人生的命运是无论如何积善修行也无法改变的。

慧远接到戴逵的书信和《释疑论》之后，与其拥护者一起认真阅读。慧远写了回信，慧远弟子周续之作了一篇《难释疑论》，连同慧远的复信一起送给戴逵。在回信中，慧远说，看了您的信，我也非常感叹，我们虽然从前彼此了解不多，但是人物往来，我对你有深刻的印象。人的分命穷达不是常人的智慧所能够推测的，但是根据佛教的道理似乎能够核实。我和身边的人一起讨论你的来信和《释疑论》，我们和你的观点有同有异，周续之并且撰写了《难释疑论》，他认为儒家经典和佛经有大略相同之处，现一起送给您。周续之《难释疑论》的主旨在于阐述世俗之儒教与超越世俗之佛教两者间的差异。又谓若无前世因果，即无法理解善人受苦、恶人反得荣福的现象。在该驳论中，周续之说自己也曾常困惑于福善莫验，虽然周览儒家六经，却没有得到解答，反而更加疑惑了，等看到佛经，才昭然有归。在具体反驳中，他认为戴逵的命定之论"但审分命之守，似未照其本"，即只说人有命定，却未明白此命从何而来。周续之认为，人的祸福在前世就已确定，即所谓"贤愚寿夭，兆明自昔"。在谈到伯夷、叔齐的遭遇时，周续之认为不可以用"积善"这种圣达格言对应于事实，因为存在"事与教反，理与言违"这种不待言教的现象。周续之为了反驳戴逵所举的一系列事实，也举了很多例子。用这些例子阐明"古之君子知通坷之来其过非新，贤愚寿夭，兆明自昔"的道理。

但是戴逵在阅读慧远回信和周续之的驳论后并没有被说服，反而写了第二封信给慧远，并针对周续之的驳论进行再反驳，这就是《释疑论答周居士难》这篇论文。信中，戴逵说道，我撰写《释疑论》来表达自己的情怀，并将文章寄给您以获得启发，承蒙开示并回寄周先生的《难释疑论》。他的论文非常有趣，但是我们所依据的理论不同，观点亦相异。现在我重新把自己的思想另作一表述，以回答周续之，并呈送您的面前。在《释疑论答周居士难》中，戴逵还批评了佛教所谓冥司（地狱）的观念。他认为假如说存在冥司，人的作为可以祈验于冥中，那么冥司应该像阳间治理国家一样"善无征而不赏，恶无纤而不罚"，"积善之家，被余庆于后世，积不善之家，流殃咎于来世"。可是事实却不然，或恶徒而莫诛，或积善而祸臻，或履仁义而亡身，或行肆虐而降福。岂非无冥司而自有分命乎？戴逵根本不承认有所谓的阴司地狱，并以此批判了佛教轮回说。在《释疑论答周居士难》的最后，戴逵重申了自己的结论："人之生也，性分夙定。善者自善，非先有其生而后行善以致于善也；恶者自恶，非本分无恶长而行恶以得于恶也。

故知穷达善恶愚智寿夭无非分命，分命玄定于冥初，行迹岂能易其自然哉。"这还是以道家的自然命定说来驳斥佛教业报轮回观念。

在得到戴逵的第二封信及《释疑论答周居士难》后，慧远认为有专篇论述佛教因果报应论之必要，于是撰写了《三报论》，又回信给戴逵。在信中，慧远写道：我看到您和周续之居士往复论辩，互为宾主。但是佛教的义理非常精微，难以用事例来列举说明，置于名相背后的理念和经文背后的大义，是不能用语言来表达的。我只是不满于你作为佛教的弟子，却未能对佛经有所关注，这是不应该的。我自从得到你的信和论文，从未忘记这件事。但是由于我年老体衰并且疾患缠身，没有能抽出时间来作答。现在从讲经之闲暇中抽出时间，将我的思想写成论文，寄送给你看。这里所说的论文，就是著名的《三报论》。戴逵在接到慧远复信和《三报论》后，非常后悔自己的所为，就写了一封回信表达自己的真实想法，并说希望亲自到慧远身前，听他讲授经典，彻底消除自己的疑惑。戴逵写道，我看了您的《三报论》，觉得它"旨喻弘远，妙畅理宗"，我反复阅读，感到非常欣喜，又有所觉悟。弟子虽然服膺佛法，又有诚信，但是由于不爱同他人交往，所以不是经常阅读佛经。我之所以对佛教业报思想产生疑惑，乃是因为"艰毒交缠"，所以才寄给您《释疑论》，这都是由于内心有所感受，而表露在言辞中的缘故。但是佛教三报思想旷远，无法从言辞角度来获得理解，我必将"亲承音旨，盖祛其滞"。

在此，我们需要对《三报论》内容稍作介绍。根据佛教的观点，有施则必有报，有感则必有应，所以人们现实的生存状态，无论祸福，皆为报应。如行放生、布施、梵行等善业，即因种善因而招感善报；反之，行杀生、偷盗、邪淫等恶业，即因种恶因而招感恶报。那么，人们善恶之业有哪些报应方式呢？在《三报论》中，慧远首先交代了三报的含义：经说业有三报，一曰现报，二曰生报，三曰后报。现报者，善恶始于此身，即此身受；生报者，来生便受；后报者，或经二生、三生、百生、千生，然后乃受。这就是说，人所造的善恶之业有三种报应方式，第一种是现世报；第二种是此生造作善恶之业，来生受苦乐之报；第三种是此世造善恶之业于二生以后得其果报。

那么，报应所承受的主体是什么呢？慧远认为是"心"。他说："受之无主，必由于心。心无定司，感事而应。应有迟速，故报有先后。先后虽异，咸随所遇而为对。对有强弱，故轻重不同。斯乃自然之赏罚，三报之大略也。"意思是说，人是通过心来接受报应的，而心是没有确定性的，它必须对业报有所感应才能够成立，而心的反应有前有后，所以报应的实现也有前后之别。就报应的轻重问题，慧远认为这是来自人的遭遇不同而导致的感应的强弱程度不同。

所有的哲学、伦理学、道德哲学所遇到的一个困难是如何解释现实世界的不平等问题。具体而言，世界上善人多还是恶人多？为何行善的夭折短命，行恶的益寿延年？慧远无疑对此作了长久的思考，他以佛教理论为基础，用三报论而非现报论解释了世间的不平等和祸福报应的不平等。他说，"请试论之：

110

夫善恶之兴，由其有渐。渐以之极，则有九品之论。凡在九品，非其现报之所摄，然则现报绝夫常类可知。类非九品，则非三报之所摄。何者？若利害交于目前，而顿相倾夺，神机自运，不待虑而发。发不待虑，则报不旋踵而应。此现报之一隅，绝夫九品者也。""九品"这一概念来自佛教经论，但和中国传统思想也有一定的关系，佛教认为九品包括"上上、上中、上下、中上、中中、中下、下上、下中、下下"九个等级。例如有九品惑、九品净土、九品弥陀等种种说法。在中国思想传统中，魏晋南北朝的官吏选拔制度常称"九品中正制"。将待选者从"家世、道德、才能"三个标准来进行遴选，后来形成了"上品无寒门，下品无势族"的选官文化。慧远无疑从这些中国或印度思想分类中提炼出九种报应。他认为人所作的善恶是累计而成，其中有九品之别。九品之报并非全为现世报，因为现报不是最通常的情况，所谓现报是利害交于目前，马上受报，所谓"不旋踵而应"，这只是报应的一隅，而非九品的全部。

接下来，慧远解释了佛教报应论之所以遭致种种质疑的原因。他认为，身业、口业和意业三种业性质不同，但是都要产生报应，时候来到报应也必将来到，这不是祈祷或人们的巧妙智慧所能够避免的。如果将这个道理推广开去，将涉及非常广泛的范围，不是可以详尽讨论完成的。简单说来，世间或许有虽积善但是遭殃，或遂凶邪之人却获得喜庆，这都是因为他们今天所作之业还未完成，但是前面所作之业的报应就来临了，所以俗话说"贞祥遇祸，妖孽见福"。人们以此来怀疑佛教的

111

报应思想，这是因为人们对以下情况不理解的缘故。例如或许人存之欲匡主救时，道济生民，拟步高迹，志在立功心，但是大业中倾，天殃顿集；或许人存栖迟衡门，无闷于世，以安步为舆，优游卒岁之心，但是时来无妄，运非所遇，世道交沦，于其闲习；或许人存名冠四科，道在入室，全爱体仁，慕上善以进德之心，却含冲和而纳疾，履信顺而夭年。这些都是立功立德的事业遭遇夭变，所以人们怀疑佛教的报应论罢了。

在慧远所处时代，中国流行着某种元气自然命定论，其代表人物是东汉思想家王充。王充虽然批评汉代儒学的妖妄，自己却持命定论，他认为："凡人遇偶及道累害，皆由命也。有死生寿夭之命，亦有贵贱贫富之命。自王公逮庶人，圣贤及下愚凡有首目之类、舍血之属，莫不有命：命当贫贱，虽富贵之，犹涉祸患矣；命当富贵，虽贫贱之，犹逢福矣。"然而，为何有命存在呢？为何人们的命不一样呢？王充解释道，这都是来自人们所禀之"气"的类型不同，因为万物皆来自某种"气"："天地合气，万物自生，犹夫妇合气，子自生矣。"而此气又和天象联系起来，所谓"死生有命，富贵在天"。王充认为："死生者，无象在天，以性为主。禀得坚强之性，则气渥厚而体坚强，坚强则寿命长，寿命长则不夭死；禀性软弱者，气少泊而性羸窳，羸窳则寿命短，短则蚤死。"由于这种思想在当时非常有市场，慧远遂用佛教的因果报应论来解释道："逆顺虽殊，其揆一耳。何者？倚伏之契，定于在昔。冥符告命，潜相回换。故令祸福之气，交谢于六府。善恶之报，舛互而两行。"这是说人的遭遇有逆有顺，虽然有区别，根本宗旨却是一致。佛教的观点认为，人的报应是前世就决定的，这在冥冥之中符合传统的命定论。就这样，报应论和命定论互相交换了位置。所以祸福之气，在六道之中代谢，而善恶之报，互相交错，平行发展。

慧远针对人们对儒家命定论的质疑，发表了自己的看法。他认为，当人们面对"积善之无庆，积恶之无殃"报应的事实却又无法解释它时，只能感叹神明无明，悲伤自己的遭遇，愤慨于天以灾祸殃及善人。在这种情况下，人们就说儒家经书无用。慧远解释道："原其所由，由世典以一生为限，不明其外。其外未明，故寻理者自毕于视听之内。此先王即民心而通其分，以耳目为关键者也。"就是说，儒家经典的说法是以"一生"为限，不知道此生之外的情况，对于非此生问题不了解，因此他们的理论思考都局限在今生今世。这就是古代君王的做法。慧远认为佛教的三报论可以用来解释儒家典籍中的一些疑问，他说："如今合内外之道，以求弘教之情，则知理会之必同，不惑众途而骇其异。若能览三报以观穷通之分，则尼父之不答仲由，颜、冉对圣匠而如愚，皆可知矣。亦有缘起而缘生法，虽预入谛之明，而遗爱未忘，犹以三报为华苑，或跃而未离于渊者也。"

那么，有何种方法让人们从三报中解脱开来呢？慧远认为，从事佛教修行，使业力的影响消逝是这个问题的唯一答案。正如《华严经·十回向品》所言："一切世间之所有，种种果报各个不同，莫不皆由业力成，若灭于业彼皆尽。"慧远在此问题上的看法是："推此以观，则知有方外之宾，服膺妙法，洗心玄门，一诣之感，超登上位。如斯伦匹，宿殃虽积，功不在治，理自安消，非三报之所及。因兹而言，佛经所以越名教、绝九流者，岂不以疏神达要，陶铸灵府，穷原尽化，镜万象于无象者也！"由此可见，作为方外之宾，佛教徒能够信服于佛陀的教导，洗心革面从事佛法修行，当他们由智慧获得解脱后，便登上净土佛国。他们虽然也有积累的业报，但是只要智慧解脱，就非三报所能涵括。佛经之所以超越儒家名教和九流思想，在于它能够疏神达要、陶铸灵府、穷原尽化、镜万象于无象。这就是说，因果之理是佛教重要之基本教理，它认为善恶之因果报应如影随形而相续不绝，所以要超脱因果业报轮回，就必须修行佛道。

念佛三昧　往生净土

慧远最长久的影响是对弥陀净土法门的推广，因此他被后世推为净土宗初祖。据说慧远于元兴元年（402）成立白莲社，号召结社念佛，并命刘遗民作《庐山白莲社誓文》以记其事。这是中国佛教史上一个划时代的行动。从那以后，殊胜的净土世界成为无数释子所追求的对象，净土法门也得到极大的推行。近代高僧印光对此赞叹道："未见《华严》，便阐导归极乐之宗……未见《行愿》，普导西去。"印光之所以这样说，是有根据的。因为在当时，宣扬弥陀净土精神的《大方广华严经入不思议解脱境界普贤行愿品》（《华严经》四十卷版本的第四十卷）并没有翻译过来。进而，甚至净土宗的最主要的三部经典《无量寿经》《阿弥陀经》和《观无量寿佛经》（总称"净土三经"）也是在慧远生命终结时才被翻译成汉语，所以慧远的净土修行可以说与后世"净土念佛"相差很大。但是慧远被推为净土初祖，最重要的是他结社念佛的实践行动。所以明代的净土宗大师云栖袾宏在其所著《往生集》中说："晋以前，净土之旨，虽闻于震旦。而弘阐力行，俾家喻户晓，则自远师始。故万代而下，净业弟子推师为始祖。可谓释迦再说西方，弥陀现身东土者。"

值得注意的是，慧远的净土信仰很可能受到其师道安法师的影响，但是师徒二人所倡导的净土类型有所区别：道安提倡弥勒净土，而慧远提倡弥陀净土。弥勒佛的来历是这样的，释尊曾预言授记，当其寿四千岁（约人间五十七亿六千万年）尽时，将下生此世，于龙华树下成佛，分三会说法。弥勒原为释迦牟尼佛座下大弟子之一，由于他即将继释迦牟尼佛之后，在阎浮提世界成佛，所以习俗相沿，也称他为弥勒佛。以其代释迦佛说教之意，称作一生补处菩萨、补处菩萨、补处萨埵；至彼时已得佛格，故亦称弥勒佛、弥勒如来。弥勒出生于婆罗门家庭，后为佛弟子，先佛入灭，以菩萨身为天人说法，住于兜率天。据传此菩萨欲成熟诸众生，由初发心即不食肉，以此因缘而名为慈氏。中国一般寺庙供奉之笑口常开胖弥勒像为五代时的契此和尚，因传说为弥勒化身，故后人塑像供奉之。弥勒佛先是生于兜率天，兜率天里有一个特别的场所，这就是兜率内院。由于"未来佛"弥勒菩萨在兜率天的内院说法，因此佛教界也有往生兜率天亲聆弥勒教化的思想。这就是人们常说的"兜率往生"。又因兜率天在人类之上方天界，所以也有人说"兜率上生"。这是不同于弥陀净土的另一种往生思想。弥勒净土思想有两部主要经典：《弥勒下生经》和《弥勒上生经》。《上生经》说的是命终往生兜率天宫，为教化诸天，昼夜六时说法。又主张欲往生天宫，必修行十善，念佛形像，口称弥勒之名。以此功德并可超越九十六亿劫生死之罪。《下生经》说的是弥勒在兜率天生活四千岁后，按照释迦牟尼的预言，将下生人间。弥勒下生时，人间即是天堂。弥勒净土信仰最打动人的是它描绘出弥勒下生后世界是一个几近完美的理想世界，这和人世间的苦难困顿生活形成鲜明对比，如说其地平净如琉璃镜，丛林树华，甘果美妙，城邑次比，鸡飞相及，众生快乐安稳，没有寒热风火等病患；粳米自然生长，亦无皮囊，极为香美，所谓金银珍宝、玛瑙、珍珠、琥珀各散在地上，衣服也在树上自然生成，极为细腻柔软，人人皆可取而服之。弥勒净土信仰由道安首创，道安每与弟子法遇、昙戒等八人依据经说，同在弥勒像前立誓，发愿上生兜率。一时盛行于北魏，梁齐间还有所闻，不久即衰。

其实，净土宗仅是中国佛教宗派中影响最大的一个，在净土宗外还有其他佛教宗派。这是因为中国人修行佛法有很多种方式，依据这些不同的方式进行的修炼，后来成立了各种宗派，例如天台宗、华严宗、禅宗、密宗、唯识宗等。净土宗的修行方式非常简单：念阿弥陀佛。念佛的方式一般有四种：持名念佛（专念佛的名号）、观像念佛（观佛的塑像或画像）、观想念佛（观想佛的妙相，此是慧远的念佛方式）、实相念佛（观佛的法身）。其中以持名念佛最为常见。净土宗虽然不是最先成型的修行方法，但是却成为影响最大的修行方法，现今的佛教大半已是净土宗的天下。即使在其他宗派的佛寺（例如禅寺）里，净土念佛法门也是一个非常重要的修行方式。净土是佛教修行的理想境界，它的意涵是"佛所居之所"。它有很多异名，例如清净土、清净国土、清净佛刹。又作极乐世界、净刹、净界、净国、净方、净域、净世界、净妙土、妙土、佛刹、佛国、妙乐、安乐、安养、乐邦等。与此相对应，它认为有情众生现世所居为"秽土"，亦即浊秽粗恶的土地。"秽土"包括"三界"（欲界、色界、无色界）和"六道"（地狱、饿鬼、畜生、阿修罗、人、天）。"秽土"也指现实世界。秽土也有很多称呼，最通常的有浊世、娑婆世界、五浊恶世。在净土宗的教义中，"净土"和"秽土"间的差别得到了极大的凸显：例如佛的大弟子舍利弗曾说，在秽土上，丘陵、坑坎、荆棘、沙砾、土石、诸山，秽恶充满。当净土宗修行者认识到世俗的罪恶时，就自动想要厌离秽土，欣求净土。净土是一个庄严清净世界，根据净土经典的描述，西方极乐国土的景色是极其瑰丽的。当地有七重栏楯、行树，四宝周匝围绕。又有七宝池、八功德水充满其中。池底纯以金沙布地，池中莲花大如车轮。四边阶道及楼阁，都由各种珍宝装饰。还有的经典描述道，极乐国土以黄金为地，空中经常飘下曼陀罗花。阿弥陀佛又化现种种奇妙杂色之鸟，经常发出宣演佛理的法音，使人能生仰念三宝之思。在上述净土和秽土的比较中，可以看到，"超越世俗"的精神得到极大凸显。根据净土宗的教义，任何有情众生只要依据阿弥陀佛的深宏誓愿，具足信、愿、行，如法念佛，则临终时一定会得到阿弥陀佛的接引，从而往生至真至善至美的净土佛国。阿弥陀佛为西方极乐世界之教主，在我国佛像中，他以观世音、大势至两大菩萨为胁侍，在极乐净土实践教化、接引众生的伟大悲愿。这是我国佛教界最熟稔的如来。依据《无量寿经》所载，阿弥陀佛在成道以前，原是一位国王，由于受到世自在佛的启示，乃发起求无上道的愿心而出家。在修行期间，曾发出四十八大愿，誓愿建立一个庄严的极乐世界，以救度一切念佛名号的众生。其中有三个大愿是："设我得佛，十方众生至心信乐，欲生我国，乃至十念，若不生者，不取正觉。唯除五逆、毁谤正法。""设我得佛，十方众生发菩提心、修诸功德，至心发愿欲生我国。临寿终时，假令不与大众围绕现其人前者，不取正觉。""设我得佛，十方众生闻我名号，系念我国，植众德本，至心回向，欲生我国，不果遂者，不取正觉。"基于这些深宏的誓愿，在他成佛之后，任何人只要具足信愿行、如法念佛，则一定会得到他的接引，而往生至真至善至美的净土佛国。

在对净土宗教义有所了解之后，让我们将目光聚集在慧远身上。有人或许会追问，慧远欣求净土的原因何在？这要从多方面加以分析。首先，最为根本性的原因是慧远对人生无常的体认。在写给桓玄的信中，慧远曾经表达了这个意思。在他看来，人生于天地间，如白驹之过隙。在这种迅速消逝的情势无法停止的情况下，难道我们不需要为将来的命运作一些准备？

在另外一封写给刘遗民和其他一些佛门弟子的信中，慧远说，你们都是如来的贤明弟子，在佛门的神殿中长久以来列上名号了。如果仅仅想着日后的佛国壮丽景象，而不去做一些实际的行动，就不是致力于完成佛的本愿。你们应该在六斋之日，摒弃世俗的事务，一心行佛事。等修行到深入的地步，就能往生西方极乐世界了。其次，慧远对于往生净土的愿望来自对于轮回报应的认同。前面说过，慧远是中国佛教史上最先对因果报应论系统化的提出者，他认为有施必有报，有感必有应，故现在之所得，无论祸福，皆为报应。佛教徒之所以能服膺妙法，洗心玄门，一诣之感，超登上位，关键在于他们修行净土法门。最后，慧远净土法门的提出还来自对佛的崇高形象的追求。在其入道初期，就曾经依据传说中西域出现的佛影而铸造铜像。他说，我远生于末法时代，距我佛业已千年，只能徒然欣喜于佛的教化，而不能亲自参见他的法会，接受他的直接教导。每次梦见他的仪容和佛光，仿佛在心灵中看到他。由于无法亲眼看到他，我的感情无所寄托，悲愤莫名。受到这种感情的激励，我就命门人铸造他的铜像，以此来追述他的高大形象。在上述各种因素的促合下，慧远遂以孤往之心，大力提倡净土法门。

据说慧远邀请庐山附近僧俗十八人，立"白莲社"，号称"十八高贤社"。其中有彭城遗民刘程之、豫章雷次宗、雁门周续之、南阳宗炳等人。虽然他们都是名重一时的知名人物，却能弃官舍缘皈依慧远，由此可见慧远的人格魅力。据史料记载，在此十八人以外，又有入社者一百二十三人。这次念佛活动，据他的弟子刘遗民《发愿文》记载，时间在东晋孝武帝太元十五年（390）七月二十八日，慧远聚集"息心贞信之士"一百二十三人在庐山南部，具体地点是般若台精舍，阿弥陀像前，以香花供奉阿弥陀佛，发愿同往西方极乐净土。《高僧传》记载："既而谨律息心之士，绝尘清信之宾，并不期而至，望风遥集。彭城刘遗民，豫章雷次宗，雁门周续之，新蔡毕颖之，南阳宗炳、张菜民、张季硕等，并弃世遗荣依远游止。远乃于精舍无量寿像前，建斋立誓，共期西方。"由刘遗民撰写的《发愿文》从善恶之报、三世因果、无常无我、六道轮回角度让人们深深地领悟到娑婆俗世的苦难，从而产生厌离之心态，又从净土法门入手，倡导净业修行的奇效。该《发愿文》内容为：

> 惟岁在摄提格，七月戊辰朔，二十八日乙未。法师释慧远，贞感幽奥，霜怀特发。乃延命同志息心贞信之士，百有二十三人，集于庐山之阴，般若云台精舍阿弥陀佛像前，率以香华敬荐而誓焉。惟斯一会之众，夫缘化之理既明，则三世之传显矣；迁感之数既符，则善恶之报必矣。推交臂之潜沦，悟无常之期切；审三报之相催，知险趣之难拔。此其同志诸贤，所以夕惕宵勤，仰思攸济者也。盖神者可以感涉，而不可以迹求。必感之有物，则幽路咫尺。苟求之无主，则眇茫何津。今幸以不谋而金心西境，叩篇开信，亮情天发。乃机象通于寝梦，欣欢百于子来。于是云图表晖，影伴神造。功由理谐，事非人运。兹实

120

天启其诚，冥运来萃者矣。可不克心，重精叠思，以凝其虑哉！然其景绩参差，功福不一。虽晨祈云同，夕归攸隔。即我师友之眷，良可悲矣！是以慨焉，胥命整襟法堂，等施一心，亭怀幽极。誓兹同人，俱游绝域……

用现代汉语表达，该《发愿文》的意思大致如下：390 年七月二十八日，庐山慧远法师，至诚感格达幽深奥秘之处，生发出净洁超迈之心，于是就邀请同心正信之士一百二十三人，聚集在庐山西北山麓的般若台阿弥陀佛像前，以香花祭祀，并立宏大誓愿道：我们这些会众，业已理解了因缘幻化的义理，也明了三世轮转之真相。因果变迁业力感应的规律既相符，则善恶报应定会产生。推察至交好友的去世，所以明白了人生无常、生死事大的道理。审察现报、生报与后报之相续催迫，于是深切地意识到依赖自力难以超脱六道。所以与会诸贤日夜警惕勤勉，渴望解脱。然神妙的存在可以感触到，却难以在行迹上追寻。必定至诚感通了，才知道幽远之路就在当下。如果感求无有回应，则渺茫无主，通过何种途径而得以度脱？所幸今日大众不约而同地一致归心西方极乐世界。恭诵佛典，开发信心，本有的觉悟自然而发。寝梦中现出种种瑞象，欣欢于高贤莲友的趋奉自来。于是画出云彩和佛光，将阿弥陀佛画入图像，俨若神人所造。此乃冥符净心法尔显现，确非人力所能致。这实在是我佛因为看到我们诚心修道而恩赐，冥冥而来，令大众不约而萃集。难道我们不应该倍加珍惜，慎思专一吗？然大众各自景绩参差不一，功德福报亦不相同。虽大众清晨祈祷的愿景一致，然到晚上，却又不能坚持下去，这就是我们这些师友眷属深感悲痛之事。于是慷慨地振奋精神，自我肃穆齐集于法堂，起发平等至诚心，以幽邃玄远之襟怀，誓愿与此众莲友，共同求生西方净土。

慧远结社念佛的举动的确是中国佛教弘传史上的一大丰功伟绩。但是从严格意义上说，慧远结社念佛的举动更多的是信仰行为，他并没有创立净土宗的期待。此外，慧远的"念佛"和后世净土宗的"念佛"有很大的差别。后世净土宗念佛修行主要是称名念佛，即口诵"南无阿弥陀佛"或"阿弥陀佛"之名，而慧远的念佛指的是"观想念佛"，即在心中观想阿弥陀佛的法身，并不涉及口诵阿弥陀佛之名号。据佛经记载，所谓观想念佛的情况是这样，若于佛之三十二相，专观其中一相，能灭九十亿那由他恒河沙微尘数劫之生死重罪；若观其全身相好，须端坐正受，系念佛身，莫念地、水、火、风等诸余法，常念佛身，见十方三世诸佛悉在目前，可灭除无量劫之罪。慧远以佛之相状作为观想目标要追溯到在襄阳时期，他曾经组织铸造释迦牟尼像，用以加强佛法修行的毅力和勇气。值得注意的是，此像并非阿弥陀佛像，因为慧远在襄阳时似乎也没有表现出对净土法门的特别关注，并且其师道安法师所欣赏的是弥勒净土。但是慧远却由此确立了以佛像作为观想对象的做法。在前面，我们看到刘遗民的《发愿文》记载，这次结社念佛的地点是般若台精舍阿弥陀佛像前，明显是以阿弥陀佛像作为观想的对象。所谓的观想念佛，又叫"念佛三昧"，三昧，即禅定。佛教认为一切禅定，亦名定，亦名三昧。因此念佛三昧即是六时与大众在法堂中禅定，观想佛的相好。由于当时以《首楞严三昧经》和《般舟三昧经》为代表的大乘禅观法门正盛行于世，所以慧远的理论资源主要是这两部经中的禅观法门。例如慧远在《念佛三昧诗集序》中说："又诸三昧，其名甚众。功高易进，念佛为先。何者？穷玄极寂，尊号如来。体神合变，应不以方。故令入斯定者，昧然忘知，即所缘以成鉴。鉴明则内照交映，而万像生焉。非耳目之所暨，而闻见行焉。于是睹夫渊凝虚镜之体，则悟灵相湛一，清明自然。察夫玄音之叩心听，则尘累每消，滞情融朗。非天下之至妙，孰能与于此哉！"

然而，观想念佛过程中出现的佛的形象是心理幻象还是客观的真佛？由此引起争议。慧远曾与鸠摩罗什争论过这个问题，因为有些佛教经典将观想念佛中的佛的形象作为梦境对待。慧远显然难以接受这样的看法。《般舟三昧经》中有这样的话："有三事得定，一谓持戒无犯，二谓大功德，三谓佛威神。"由此，慧远提出：《般舟三昧经》所说的佛是定中之佛，还是定外之佛？若是定中之佛，则是人的意识（我想）之所立，还出于我了。若是定外之佛，则此圣人非是梦幻，而是确实存在。所以定中见佛，此佛不专在内，不得令闻于梦。对此，鸠摩罗什回答道：《般舟三昧经》为了弘扬佛教思想，布置了种种策略，当修行者观想阿弥陀佛，就知道他在西方净土之上，阿弥陀佛以无量光明照彻十方世界。佛经中说，众生所看见佛是确实的，不是虚妄分别的产物。佛陀因为人们不信或不知道禅定的方法，就有如下设想：他们未得神通，又怎么能看到远方的佛呢？于是佛就用"梦"作为比喻，因为人们在做梦的时候，虽然是很遥远的事物也能看得到。菩萨践行般舟三昧也是如此，依靠禅定的力量能够远见诸佛，山林也无法成为障碍。佛陀因为人们相信梦，所以用梦来作比喻。又，梦是人们在没有做任何事的情况下自然出现的，梦中能见到佛，何况经过不断修行呢，当然也肯定能见到佛了。再者，那种认为佛有固定形象的观点是不对的，那是纯粹臆想分别的产物，是虚妄的。并且佛经中常说佛身也是从众缘而生，亦和其他万法一样无有自性，是毕竟空寂，如梦如化的。但是此处所说的佛身，也不能用虚妄来简单解释。为什么呢，因为人们禅定中所见佛身有助于他们获得善根，从而获得解脱的途径，最后修炼成为阿罗汉和不退转道。所以禅定中所见阿弥陀佛是确实存在的。

由此可见，慧远的群体结社、观想念佛的宗教实践不仅承袭了传统佛教思想，将念佛三昧、净土思想、般若学和禅观结合起来，具有综合性的特点。同时，由于弥陀净土思想有强烈的救赎众生的倾向，而修行方式又是非常简单的"易行道"，就使得它能够满足民众的宗教需求，成为后世最重要的佛教派别。

三教论衡　异轨同趋

在今天的庐山，有著名的唐英庐山虎溪三笑亭联：桥跨虎溪，三教三源流，三人三笑语；莲开僧舍，一花一世界，一叶一如来。"三教"指的是中国儒佛道三种基本思想体系。虎溪，系围绕着东林寺外的泉水所流向的小溪，据说慧远隐居在庐山"三十余年，影不出山，迹不入俗。每送客游履，常以虎溪为界焉"。相传，有一天，慧远与著名儒者型隐士陶渊明、山南道士陆修静开怀畅谈，"奇文共欣赏，疑义相与析"，慧远送二人步出山门，谈兴未尽，继续边走边谈，不知不觉中迈过了虎溪桥。这时，护寺虎吼啸不止，三人闻得，恍然大悟，相顾而笑，只好拱手作别。此事被后人誉为"虎溪三笑"，且传为佳话。在古代，"虎溪三笑"的故事不断为诗人墨客所品咏。即使在今天，很多知识分子的书房或客厅里也还悬挂着国画大师傅抱石所绘的《虎溪三笑图》。此外，"虎溪三笑"也进入瓷艺、纸艺等艺术形式中。由此可见慧远在古代文化传统中的知名度。由这个故事我们获知如下信息：慧远作为佛教思想家的成就可能不为大多数人所知，但是作为艺术形象的慧远可能流传更广泛，知名度更大。例如现在闻名中国的东林寺，寺内立有"虎溪三笑碑"，并建有"三笑堂"。

虎溪三笑亭中的对联所提到的"三教"，分别以陶渊明（儒）、陆修静（道）和慧远（佛）为人物象征。

陶渊明（约365～427），浔阳柴桑（今江西省庐山附近）人。他与慧远生活在同一时代，在我国文化史上算得上妇孺皆知的人物。他也生活在一个具有名士传统的家庭，史载其外祖父孟嘉是具有儒家风范的知识分子，说他"行不苟合，年无夸矜，未尝有喜愠之容。好酣酒，逾多不乱；至于忘怀得意，傍若无人"。陶渊明年轻时存心处世，遵奉着儒家"奉上天之成命，师圣人之遗书，生信义于乡间，推诚心而获显，不矫然而祈誉"的教导。但是由于目睹晋宋之际政治昏暗、连年混战的局面，顿感"目倦山川异，心念山泽居"，遂辞官隐居。据他自况，隐居的场景是"方宅十余亩，草屋八九间，榆柳荫后檐，桃李罗堂前"。陶渊明最突出的性格是率真，苏东坡描述他："欲仕则仕，不以求之为嫌；欲隐则隐，不以去之为高。饥则扣门而乞食，饱则鸡黍以迎客。古今贤之，贵其真也。"他虽然过着隐逸生活，但是隐逸本身不能说明他就是道家，因为历史上有很多儒者也曾经隐居生活过。陶渊明的隐居类似于孔子讲的"邦无道则可卷而怀之"。

陆修静（406～477），字元德，吴兴东迁（今浙江省吴兴东）人。三国吴丞相陆凯之后，系道教南天师道的创始人。史载他少宗儒学，博通坟籍，旁究象纬。又性喜道术，精研玉书。及长，好方外游，遗弃妻子，入山修道。初隐云梦，继栖仙都。为搜求道书，寻访仙踪，乃遍游名山，声名远播。他是一位虔诚的道教徒，据说当他在寻药间隙路过故乡的时候，在家中住了几日。自己的女儿突然暴病，命将不久。家人强烈要求他为女儿治病，他感叹道："我本委绝妻子和儿女，托身于玄极。这几日在家中，本是违反大道精神的行为，又岂能再有对尘世的爱著之心！"于是他拂衣而出，头也不回地走了。从这个传说中可看到陆修静执着修道的品格。当他在大明五年（461）游经庐山时，见此山秀丽，遂在东南瀑布岩下营造精庐，建立道观（后名简寂观），隐居修道。陆修静对道教的振兴作出了重要的贡献，他"大敞法门，深宏曲奥，朝野注意，道俗归心。道教之盛，于此为盛矣"。他在道教史上的地位，与慧远也相仿佛，是道教思想的奠基性人物。后来的一位道教"山中宰相"陶弘景就是继承了陆修静的道教思想而将之发扬光大，为南方道教的弘传作出了很大贡献。

如果从思想的角度来阅读"虎溪三笑"的故事，我们也会发现一些有趣的内容。我们知道，陶渊明厌倦世俗的官宦生涯，"少无适俗韵，性本爱丘山"，代表了东晋时代有良知的儒家知识分子的群体；陆修静则是"静心颐神，采炼丹药"，以隐居修炼为志向，远离政治争斗的高道；慧远则是佛教高僧，他所居住的庐山是连国君也不敢骚扰的"道德所居"。于是，这个传说不仅表达了人们对那些不为世俗名利所动，坚持人格独立、思想自由的有良知的知识分子的赞誉，还显示出对杰出思想文化成就的高度认同。

但是实际上，已经有很多学者论证三人根本无法同时出现在庐山。从他们的生平经历来看，当陆修静于 461 年入山时，慧远已辞世五十余年。奇怪的是，陶渊明和慧远所居之处相近，却从未有交往，甚至在两人的文集中均无一字提及对方，陶渊明甚至根本没有提及佛教二字，他与同时同地慧远诸佛教徒之学说竟若充耳不闻，这给了后人极大的想象空间。有一种说法认为，慧远结白莲社，以书招渊明。陶渊明推辞道："弟子嗜酒，若许饮，即往矣。"这显然是超出佛教戒律的要求。但是慧远允许了，陶渊明就赶赴东林寺。慧远强烈要求陶渊明加入莲社，后者攒眉而去。陶渊明嗜酒是个事实，例如史载他"性嗜酒，家贫不能常得。亲旧知其如此，或置酒而招之，造饮辄尽，期在必醉。既醉而退，曾不吝情去留。环堵萧然，不蔽风日，短褐穿结，箪瓢屡空，晏如也"。虽然他们都是隐逸之士，在当时威望都很高，都具有一定的号召力，但是却从未有往来。这有几个方面的原因：其一，陶渊明和慧远存在着信仰上的差别，陶渊明虽是儒者，却对当时的天师道有好感，而慧远是虔诚的佛教徒；其二，陶渊明有道家人物特有的懒散作风，这想必也为谨持戒律的慧远所不喜；其三，陶渊明嗜酒，这是触犯佛教大忌的行为。经由上述推断，"虎溪三笑"的故事与其说是历史的事实，毋宁说是后人想象中的儒佛道三家代表人物融洽共处，思想义理风云际会的理想图景。而儒佛道三家在当时的真实情况如何呢？

当我们考察中国思想文化传统时，要注意它内部的变化，这要求我们必须从历史的角度进行阶段化的细节论述。先秦诸子百家争鸣的时期，儒家和道家不过是其中的两派力量。秦朝统一天下之后，墨、阴阳、名家、法家逐渐隐退，或融入儒道二家之中，所以在秦汉时期，社会上流行儒学或经学，而民间亦有道家黄老之学的传播。但是到三国魏晋以后，由于儒家丧失其思想垄断地位，再加上佛教的传入和道教五斗米道（亦名天师道）的成立，此后的中国思想史就笼罩在儒佛道三家的影响之下。

儒佛道三家之间的关系分为两个方面。第一个方面是调和与对话。由于三种思想体系都关注人生，对人生的苦难、生死、祸福、道德问题都有各自的解答，所以它们存在很多对话和互动的可能。与西方文化传统不同的是，神圣与世俗之间并无在西方基督教哲学里那样紧张的关系，基于中国哲学崇尚"中和"的精神，神圣与世俗在理性思辨上是相互融合的，形上的神圣之思维超越现实人生和人们的世俗生活场景，但又离不开人生、挂念人生，在修养证悟方面更存在一条互相贯通、由此达彼的桥梁。它们在探讨神圣与世俗关系的时候虽然所使用的哲学概念迥异，却在义理结构上保持相当的同质性。儒家思想从它诞生之初就不回避天道问题，神圣对于世俗而言是一种"生成的方式"。《易经》提出"大易生生不息"的观念，《中庸》起首就说"天命之谓性，率性之谓道"和"明诚"之教，孟子也说"存心、养性、事天、立命"。天命下贯而为性，通过道德践履功夫而复性是儒家的一贯立场。一直到现代的冯友兰提出的人生四境界说，他所说的天地境界并不是凡人不可达到的。儒家认为，道德人格的不断完善可臻宇宙的绝对领域，这就是与天地参合。所以儒家思想的特色是"即凡而圣"，世俗域和神圣域相互贯通，它们之间是生成和复归的关系。佛教提倡"转依"，所谓"转生死为涅槃"和"转烦恼为菩提"。对这一宗旨的不同理解导致佛教发展出一系列思想。早期佛教主张消极避世，以"灰身灭智"为宗旨；后来出现的大乘佛学赋予世间以积极的含义，倡导"世间与涅槃平等""涅槃际"与"世间际"无毫厘差别，世间法和出世间法不一不异。大乘佛学反对"小乘"（声闻和缘觉），提倡"菩萨乘"，以度尽在世众生为愿念。第二个方面是对抗，虽然儒佛道面对的同是人生问题，但是态度有所差异。儒家倡导入世，具体体现在其修齐治平的伦理和政治理想；道家强调离世，主张肉体飞升；佛教则强调出世，例如"越名教、绝九流"。

在慧远那个时代，由于道家思想是玄学的主旨，而魏晋名士更喜玄谈，所以儒佛道的关系更多地表现为儒佛与道家道教之间的关系。并且由于道教初建，亟欲争夺宗教的话语权，所以道教往往激烈地抨击佛教。再加上儒家是代表王法的意识形态，同时也是本土文化的代表，由于佛教的日渐兴盛，儒者对佛教自然心中不满。由于佛教来自印度，并非如儒道二家那样系我国固有宗教，因此从传入以来，它就和政治上的王权和儒道二家存在教义和仪礼方面的争执。就是说，儒佛道之间的辩论——"三教论衡"在所难免。

东汉三国时期就有三教论衡的记录。史载东汉明帝时，五岳道士褚善信和费叔才看到汉明帝优待佛教，心中不服，遂联合六百九十个道士于洛阳白马寺外与僧人迦叶摩腾、竺法兰二人辩法，终为二人所降伏。这当然只是传说，不能核其史实。在此，我们有必要提及一部相传东汉末年苍梧太守牟融所作的《牟子理惑论》。该文大量提及中国本土文化和佛教间的冲突。例如，牟子经常面对如下诘难：孔子以五经为道教，可拱而诵履而行，今子说道虚无恍惚，不见其意，不指其事，何与圣人言异乎？佛道至尊至大，尧舜周孔曷不修之乎？孝经言，身体发肤受之父母，不敢毁伤。今沙门剃头，何其违圣人之语？夫福莫逾于继嗣，不孝莫过于无后，沙门弃妻子捐财货，或终身不娶，何其违福孝之行也？总之，在该书中，有大量借孔子或儒家经典言论来质疑佛教的各种观念和仪礼的内容。今天的学者有争论，有的说《牟子理惑论》不是东汉时期，而是刘宋时期的作品。不过，在三国时期，佛教与儒家精神确实产生了直接的冲突。当时的名僧康僧会曾经与东吴统治者孙权之孙孙皓较量过一番。孙皓专横残暴，曾下令遍毁神祠，波及寺院。康僧会应召见孙皓，皓曰："周孔既明，安用佛教？"会曰："周孔不欲深言，故略示其迹；佛教不止浅言，故详示其要，皆为善也。圣人唯恐善之不多，陛下以为嫌，何也？"孙皓没办法回答，遂罢。在儒道二家之间也有争议，如文学家曹植亦曾作《辨道论》，以驳斥道教不老不死之说，认为道教神仙之说"为虚妄甚矣哉"，自己的父兄曾经"咸以为调笑"，语露讥讽。

到了西晋时期，佛道之争开始白热化。据史料记载，道士王浮经常与僧人沙门帛远辩论二教优劣问题，王浮经常战败，于是他想了一个点子，偷偷地将《西域传》改换为《老子化胡经》，写成老子进入印度变为佛陀，教化民众的故事。这种"老子化胡说"本是中国部分人根据老子出函谷关西去的传闻和佛教从西域输入的事实，将二者有趣地黏合在一起的结果。但是在西晋时期却满足了部分人的本土优越性意识。西晋时的《后汉书》就有"或言老子入夷狄为浮图"的记载，显见当时已经传播开去。《三国志》亦记载了"浮屠所载与中国《老子经》相出入，盖以为老子西出关，过西域，之天竺，教胡"的说法。王浮杜撰的《老子化胡经》更为离谱，说太上老君在殷朝时出世，生时有异相，九龙吐水，生下就能走，步步生莲花，走了九步，就以左手指天，右手指地，对大家说，天上天下，唯我独尊。老君后来过函谷关，向关令尹喜授《道德经》，又西渡流沙，到于阗国毗摩城中，为西域诸国王说经。汉桓帝时，老君又令尹喜乘着月精，降在中天竺国，入白净夫人口中而生，号为悉达，成为太子，后又入山修行，成就无上道，号为佛陀。后来佛教徒不甘心落后，也杜撰了《清净法行经》，说佛陀派遣了三位菩萨，赴震旦广行教化。震旦就是中国。三位当中，一位叫作"儒童菩萨"名曰孔丘；一位叫"光净菩萨"名曰颜渊；还有一位"摩诃迦叶"就是老子。在这部经中，释迦牟尼成了儒、道两家的老师，而老子与孔子及其学生颜渊，都成了佛教中的"菩萨"。

下面我们把目光集中到慧远身上，看看他是如何思考儒佛道之间关系的。我们在前面曾经提及，慧远的学力过程存在一个从儒学—道家—佛教的转换过程。在这个过程中，慧远不断地对儒佛道这三种思想进行比较，例如他在少年时"博综六经，尤善庄老"，而在听道安讲解《般若经》后，感叹道："儒道九流，皆糠秕耳。"而在晚年给刘遗民的书信中，他也声称："每寻畴昔游心世典，以为当年之华苑也。及见老、庄，便悟名教是应变之虚谈耳。以今而观，则知沉冥之趣，岂得不以佛理为先？苟会之有宗，则百家同致。"在这段话中，他表达的意思有几层：（1）当初认为儒家经典是人世间的华彩篇章；（2）接触到玄学思潮时，便否定了儒家名教；（3）就理论的深度而言，佛教是最为出色的；（4）如果能用适当的方法加以沟通，那么儒释道等百家思想可以殊途同归。作为一位释门高僧，慧远无疑将佛教抬到了超越儒道二家的地位，但是，他的思想可贵之处在于主张"百家同致"。

首先，三教相通，多元并存。慧远曾言"释迦之与尧、

132

孔，发致不殊"。儒佛道三家殊途同归似乎不是慧远一个人的见解。在关于"沙门袒服"的论战中，连慧远的对手何无忌也认为，"盖在时而用，是以事有内外，乃可以浅深应之。李释之与周孔，渐世之与遗俗，在于因循不同，必无逆顺之殊明矣"。何无忌认为三教都是应时而发，由于事有内外，所以教有浅深。李（耳）释（迦）与周（公）孔（子），并不是截然相反的。面对这种观点，慧远一方面表示赞同，说："常以为道法之与名教，如来之与尧、孔，发致虽殊，潜相影响；出处诚异，终期则同。"

其次，三教相逆。作为一位善于辨析名理的思想家，慧远也不甘心于媾和三教理论，而是力求指出差别之处，明确各家理论所适用的地方。他说："是故遁世遗荣，反俗而动，动而反俗者，与夫方内之贤，虽貌同而实异……然则向之所谓吉凶成礼，奉亲事君者，盖是一域之言耳。未始出于有封；有封未出，则是玩其文而未达其变。若然方将滞名教以殉生，乘万化而背宗，自至顺而观，得不曰逆乎。渐世之与遗俗，指存于此。"也就是说，佛教逃离世俗事务，遗弃世俗的荣名，向着与礼俗相反的方向行动，这与方内儒道思想，虽貌同而实异。儒家的吉凶所成之礼，以及奉亲事君的要求不过是现实世界的规定罢了。大道如老子和庄子所说的那样，是"未始出于有封"的，如果我们限于现实世界的话，就未能达到思想的转变。这样滞于名教，将个人生命作为殉葬品，顺万化迁流的趋势但是却背弃了佛教，从佛教的观点看，难道不是逆吗？所以"渐世"的儒道二教与"遗俗"的佛教之间不仅在宗旨上有所差别，甚而是互相违背的。这一点也反映在慧远的下述言论上："'六合之外，存而不论'者，非不可论，论之或乖。'六合之内，论而不辩'者，非不可辩，辩之或疑。'《春秋》经世，先王之志，辩而不议'者，非不可议，议之者或乱。此三者，皆即其身耳目之所不至以为关键，而不关视听之外者也。"这就是说，圣人对于天地以外的事务存而不论，并不是他感到不可论述，而是一旦论述就会出现乖离自身思想的错误；圣人对于天地以内的事务论述而不争辩的原因，并非觉得它不可争辩，而是一旦争辩就会引起大家的质疑；圣人对于《春秋》所记载先王的政绩争辩而不评价，并非认为它们不可评价，而是一旦评价就会引起混乱。这依然是说儒家的局限性。

最后，三教皆有助于王化。与中世纪的欧洲不同，中国传统社会是一个政治本位的社会，宗教无法摆脱世俗的权威而与之对峙。儒佛道三教在社会功能层面都有暗助王纲的要求。儒家本来就是传统社会意识形态，维护君臣秩序是其固有使命；道家在当时也调整自身立场，不断地向儒家靠近，甚且有"名教出于自然"或"名教即自然"的提法。所以慧远所要大力论证的是佛教也是有助于王化的。这也许有其难言的苦衷吧。虽然在《沙门不敬王者论》中，慧远强调沙门不敬王，但是他也是把这种"不敬王者"看作某种工具性的行为方式，认为这种工具性的行为方式最终有助于王权对于国家的治理。基于这种考虑，慧远在不同场合、不同作品中频繁地强调佛教对于政治治理的积极意义。也是在《沙门不敬王者论》中，慧远主张佛教虽然"遁世以求其志，变俗以达其道"，但是"不处王侯之位，亦已协契皇极……外阙奉主之恭，而不失其敬"；在给戴逵的信中，慧远认为"世典与佛教，粗是其中"。慧远还曾说过：王法对于佛法的关系，有两种理则。其一是先合后乖，其二是先乖后合。佛教的诸佛如来符合第一种理则，而历代听从佛法教导的君王符合第二种理则。佛经上说，佛具备自然神妙之法，能够因地、因时制宜地教化有情众生，他或者变身为灵仙、转轮圣帝，或者变身为卿相、国师、道士，人们无法掌握他的变化，这就是先合而后乖。第二个方面，有的是始创大业，而功化未就，情况参差不同；有的是期待成功于身后，有的是当年就成功了，圣王修行佛法而最终成功的，亦不可胜数。虽然方式各异，但是最后都归宗佛教，这就是先乖而后合。如果是先乖而后合，那么进入佛道的方式是各式各样的；如果是先合而后乖，那么释迦牟尼和唐尧孔子的出发点也是一致的。所以说先乖而后求合，由此知道他们在道理上是同一的；如果先合而后求其乖，那么就能够认识到体悟佛教终极道理有多种途径。但是世俗之人往往看到佛教与王法表面的不同，就在各个方面产生疑惑并惊骇于此。由此可见，天地运行的道理体现于宇宙大化之中；帝王的德行体现于顺通万物之中。然而对于佛教的"独绝"义理和万物的不变之终极而言，都不能简单地以同一视角判其优劣。

在慧远之后，三教论衡更趋激烈，其中尤以佛道之争最为突出。在此背景之下，慧远"百家同致"的思想得到进一步发挥。这主要以慧远的弟子宗炳为代表。宗炳明确地提出了"三教一致"论，该论点是慧远思想的延续，只不过更加明确化了。宗炳在其《明佛论》中表达了这样一层意思。当有人问道：孔子曾经说过"无求生以害仁，有杀身以成仁"，这是仁义的极致；老子倡导无为，也是达到了佛教所说"涅槃"的极致，却没有听说过他们神通成佛，难道说孔子和老子都还有所局限吗？宗炳回答道：儒佛道三教对众生的教化各有其适应对象。当国家处于乱世时，孔子之道就被弘扬起来，因为要用它对治乱象；朴素的社会风气凋落之后，老子乃作《道德经》，因为要用它来平息人们的盲动。假使颜回、冉有、宰予、端木赐、尹喜、庄周他们表面上弘扬儒家和道家的治世之方，来导引世俗的人情，但是在内心中却遵循佛教无生之理，使理论思考精妙化，谁又能懂得呢？至于冉季、子游、子夏、子思、孟轲、林宗、康成、盖公、严平、班嗣这些人，他们之所以践履礼教的规定，或则成为隐士，却没有欣喜于佛法，都是因为他们没有缘分罢了。所以儒家的目的在于弘扬仁义之道，道家的宗旨在于抑制盲动，他们都已领略了佛法要义。虽然他们的慈爱和无为的思想与佛教相通，但是佛教的法身和涅槃的道理却无法用语言表述出来，所以人们不明白罢了。并且老子所说的"无为无不为"，与佛教的"法身无形，普入一切"，难道不是同一种理致吗？所以说孔子、老子和佛陀虽然教化的途径不同，但是都是同等至善的。与宗炳同时代的谢灵运也撰写《辩宗论》折中孔子和佛陀思想。慧琳撰写《白黑论》，假设了白学先生（指代儒者）和黑学道士（指代僧人）两个主角，让他们互相问答，也认为佛教主张的仁慈和劝人迁善与周公、孔子以仁义化天下，在方法论上虽然相异，却都是为了挽救风俗，所以他们的宗旨一致。三教关系是中国思想史上至为重要的问题。从魏晋开始，历代思想家和君主都热衷于探讨，以至于到了明清时期，"三教论"在民间也流行开来，乃至有"三一教"的民众信仰群体。慧远的三教思想，是三教关系思考的最初理论成果。

第7章

声高名远 千载垂光

慧远在世的时候，就被视为文化领袖和佛学思想大师，其高远的精神境界和独立的人格受到中外僧徒的景仰。慧远去世以后，他的形象更是"千载垂光"，得到后世的永久尊敬和一致褒扬。

哲人其萎

到了离去的时刻了。对于这位从弱冠之年即将自己的一生托付于佛门的忠诚信徒而言，在历经一个甲子的圣徒生涯，并且经历了俗世的种种风雨和纠缠后，似乎完成了自己的历史使命。晋安帝义熙十二年（416）七月三十日，庐山依旧沉浸在暑热中。当天晚上，慧远在般若台上坐禅结束后，忽然看见他所信仰的阿弥陀佛佛身布满天空，在阿弥陀佛身后的圆光影中，还有阿弥陀佛所化身的诸佛形象。在阿弥陀佛的两旁，观世音菩萨和大势至菩萨左右侍立。慧远又看到十四支光柱如同水流一般，从上至下，又从下至上地流动着，在天空中演说苦、空、无常、无我的佛法真谛。阿弥陀佛告诉慧远：我过去发下誓愿要救度众生，今天我以此誓愿的力量来安慰你，你将会在七天之后离开人世，重生于我所在的弥陀佛国净土。慧远听了阿弥陀佛的话后，一件惊异的事情随即发生：慧远看到自己那些业已早逝的朋友出现在阿弥陀佛身侧，他们是佛陀耶舍（东晋译师，莲社成员）、慧持（慧远之弟）、慧永（道安弟子，与慧远有同窗之谊）、刘遗民（与慧远共同提议结莲社者）。这些逝去的友人向慧远作揖问候，并"责怪"道："在我们之中，你是最先发愿往生西方净土的人，为何却如此晚来呢！"

慧远回到东林寺之后，告诉弟子法净、惠宝说：我自从在此居住，十一年中有三次看见佛相，这次夏天所见阿弥陀佛，听了他的话，我必然要往生净土世界了。又说：七日之期很快就要到了。八月初，慧远开始生病，这场病非常严重，并且逐渐加深。慧远病重后曾留下遗言（《遗诫》）：我自从五十岁的知命之年到达庐山修道，自己知道定会遗弃人世，就想到要抛弃所有世俗的外缘，以追求自身的志向。但是由于我不能果断地处理此事，于是就和同好交往，和时代的贤者过从甚密，情感相投，不觉已经八十三岁了。我虽然要追求远离世俗的教导，却不能不为自己的自负心态而感慨，这不过使自己虚度此生光阴，从而深深哀悼自己的过失。现在到了临终时分，请求你们让我露骸松林之下，即岭为坟，就好像土木一样。此乃佛

139

教古来之礼，汝等勿违。在慧远弥留之际，当地德高望重的僧人和老者都劝他喝豉酒（一种药酒）来辅助治疗，慧远拒绝了这个提议，因为饮酒是佛教戒条明确禁止的；他们又请慧远喝米汁增加营养，慧远亦不许；他们又询问慧远是否可以饮蜜和水搅拌而成的浆汁，慧远拿不定主意，就命身旁精通戒律学的律师"披卷寻文"，在佛教经论中寻找是否有明确规定。然而律师们的工作尚未进行到一半，慧远就与世长辞了。

在当时，与民间普遍流行的"土葬"习俗不同，僧人一般采取火葬的方式，兼用土葬。像慧远这样露骸而葬，似乎找不到第二例，这确实是耐人寻味的。如果我们联想到慧远的坚贞的佛教徒的身份，也就可以理解了。露骸而葬虽然在中国很少见，但是也是印度佛教徒的规定之一，这就是"弃葬""林葬"或"野葬"。"林葬"一般是弃尸于林中。如印度王舍城的"尸陀林"就是有名的"林葬场"，此与"弃葬""野葬""林葬"略同，也是将尸体委于鸟兽啄食。现今印度教徒之间所行的"鸟葬"，亦属于此种葬法。此外，我国西藏地区的"天葬"，也是符合佛教葬礼规定的。慧远要弟子将自己"露骸而葬"似乎是一个很超前的要求，因为在儒家礼仪中，这一点是非常不符合人伦规定的，难怪弟子们后来不听从慧远的话，将他按照人间礼仪埋葬，即土葬。儒家认为，将父母露骸于外，其实就是不葬，这将使死后的父母非常难堪。《孟子》中曾有如下故事：上古时候曾有人在自己的亲人死后不去埋葬，亲人死后，就举着（亲人的尸体）扔到了深沟里面。后来有一天他正好路过这个地方，看到狐狸在吃亲人的尸体，苍蝇、蚊蚋叮咬尸体。他的额头不禁冒汗了，斜着眼睛不敢看自己亲人的尸体。他额头上的汗珠不是为了别人而流，乃是自己内心的羞愧表达在面目上的原因。这个人随后返回家拿来筐和锹把尸体掩埋了。这个例子说明，在儒家看来，土葬是人道的做法，而"露骸而葬"是违反人伦的举措。但是佛教的视角不同，它认为"露骸而葬"正好可以表达佛教的"无我"和"慈悲"的精神。在佛教经典里也记载"尸毗王以身施鸽""摩诃萨埵投身饲虎"的故事，认为这是菩萨道的体现。慧远不从儒规，而是遵循佛教固有礼仪来处理自己的身体，说明他本质上是个有个性的佛教徒，并且实践了自己"求宗而不顺化"的思想。

对于慧远的辞世，弟子们悲恸万分，如同失去自己的父母一样，所谓"晨扫虚房，夕泣空山""川壑如泣，山林改容"。慧远在生前曾考虑到弟子们难以忘却人间情感，就依照儒家的"七日之期"的规定，允许他们在此期间哀悼自己。但是在哀悼期间，弟子们不忍看自己的师父露尸于外，就与浔阳太守阮侃商议，将慧远全躯安葬在庐山西岭，累石为塔，谢灵运立碑，以铭遗德。张野作序，自称门人。宗炳复立碑于寺门，以表德业。慧远生时容仪端整，风采洒落；慧远去世后，人们为了追忆他，就按照他的外貌塑造出他的像，立于东林寺，供信徒瞻仰。慧远之墓塔也不断有人慕名拜访，例如唐代诗僧释灵澈《远公墓》诗有云："古墓石棱棱，寒云晓景凝。空悲虎溪月，不见雁门僧。"慧远的著述被依照经论诸序、铭、赞、诗、记的类型，分类编纂，共十卷，题名为《庐山集》。慧远一直受到历代佛教徒的崇敬，他们不断地为慧远向朝廷请赐谥号。

如晋安帝义熙年间，慧远获得了"庐山尊者、鸿胪大卿、白莲社主"的封谥；唐宣宗大中三年（849），谥"辩觉大师"；南唐烈祖升元三年（939），谥"正觉大师"；宋太宗太平兴国三年（978），谥"圆悟大师"；南宋孝宗乾道二年（1166），谥"等遍正觉圆悟大法师"。慧远之人已逝，但是慧远之学、慧远的精神却由其门徒和道友继承下来，正如谢灵运《庐山慧远法师碑》所言，古人云："道存人亡"，法师之谓。谢灵运还撰写了一首赞歌，表彰慧远的功绩，兹录全文如下：

> 九流乖真，三乘归佛。道往绝迹，慈还接物。
> 孰是发蒙，昭我慧日。摄乱以定，闲邪以律。
> 妙法常存，悠悠莫往。若人乘生，皎皎远赏。
> 鉴我鉴物，知狭知广。息生空谷，训徒幽壤。
> 秦皇雄惑，蔽理通情。王孙偏解，滞死达生。
> 夫子之悟，屡劫独明。仰高契峻，俯深怀清。
> 惟清惟峻，若隔近绝。惟高惟深，志崇智洁。
> 昔在香积，今也明哲。嗣之有人，实隆废歇。
> 捷度练数，甘露流津。律藏拂故，法性增新。
> 凡厥希道，日知好仁。景薄命尽，宗倾理湮。
> 寒暑递易，悲欣皋壤。秋蓬四转，春鸿五响。
> 孤松独秀，德音长往。节有推迁，情无遗想。

佛门的天下宗师

在中国佛教史上，慧远一直保持其逸出群伦的高度。后来的一位佛教徒石室珌禅师评价说，慧远对于佛教的贡献，犹如孔门之孟子。这是非常高的评价，因为孟子是仅次于孔子的"亚圣"。甚至在慧远去世之时，就享有极高的威望。谢灵运在《庐山慧远法师诔并序》中说，各地佛教信仰者闻风而悦，四海同归，五百之季，仰绍舍卫之风；庐山之崇，俯传灵鹫之旨。他又在《庐山慧远法师碑》中写道："既道渐中土，名流遐域，外国诸僧咸东向礼。非夫道深德广，焉能使显默同归，异域致敬？"慧远的历史光辉形象从未消退，如唐代李演作《远公影堂碑》，碑文中说："斯名也，寒暑不能易其芳。斯德也，江海无以臻其极。"当我们理解和评价慧远的贡献的时候，需要从多个维度进行探讨。就佛教而言，主要有四个维度。

首先，慧远在与王权的对峙过程中确立了光辉的僧人形象，道动帝王，为僧团的相对独立提供了参照点。僧人是三宝之一，本有殊胜的地位。自佛教传入中国，迄于东晋，约有三百年历史。在慧远当时，佛教业已走向兴盛，但是佛门并未确立其对于世俗王权应有的态度，亦未有敢在世俗王权之外划定自治范围的高僧出现。慧远特立独行，宪章懿范，确立道德人格，所以为天下宗师。当桓玄意欲沙汰众僧、清理佛门的时候，却不敢进入庐山，说"庐山道德所居，不在搜简之例"。这也显示出慧远对于王权的震慑力量。这种独立性具有历史的昭示作用。在慧远以前，汉魏僧人主要依赖帝王贵族阶层的供养，并没有独立的社会地位。下至两晋时期，由供养造成的僧团腐败亦见于史书，这显示出当时僧团缺少自律性。魏晋玄学的流行，为僧人生存提供了一条看似高雅的途径，这就是名士化，当时有很多著名的佛教徒乐于与名士一起"清谈"，最著名的如支道林和竺法汰。但是清谈的"游戏化"特征显然不能满足佛教的要求。一些严格意义上的佛教徒如佛图澄、道安采取另外一条道路，他们有选择地接受帝王的经济扶助，在诸如石虎、石遵、苻坚等帝王的支持下弘法。如道安曾说过，"不依国主，则法事难立！"然而正因为这种附属性的地位，带来了王权对于僧人的任意支配。道安曾不情愿地进入石虎为他建造的华林园传法。与慧远同时的北方僧团领袖鸠摩罗什的经历就更为荒诞：苻坚手下的将军吕休在抓获他之后，竟然肆意强迫他和龟兹王女结了婚，还时常让他乘牛和劣马来戏弄他。当然鸠摩罗什后来在姚兴的支持下，能够安心地住在逍遥园内进行佛经翻译工作，但也仅此而已。从帝王的角度而言，他们所需要的是将这些佛教高僧豢养起来为自己的政治服务。当我们了解上述历史背景后，慧远特立独行的对抗姿态就显得难能可贵了。这种光辉人格的确立，不仅是前无古人，甚且也后无来者。在慧远之后的历代许多僧人，不惟无法形成和王权的对峙阵营，反而要仰俟帝王的鼻息，完全是一种臣子的态度。这种局面的形成，当然和后来的政治思想的统一化趋势相始终。但是即使如此，慧远的"不敬王者论"依然为僧侣阶层提供了某种信仰的力量。就今天的佛教界而言，慧远的哲学思想或许业已不再新鲜，他在佛学上的地位或许也比不上同时代的鸠摩罗什，但是他对佛教与政治关系的论述一直没有过时。与此相联系的是慧远以审慎的态度处理和各类型人之间的关系，成为后世僧人的楷模。对此，宋代契嵩在《镡津文集》中曾有阐发，总结出"远公六事"。这有助于了解慧远的道德器量，故抄录于下：

> 陆修静，异教学者，而送过虎溪，是不以人而弃言也。陶渊明，耽湎于酒，而与之交者，盖简小节，而取其达也。跋陀高僧，以显异被摈，而延且誉之，盖重有识，而矫嫉贤也。谢灵运，以心杂不取，而果殁于刑，盖识其器，而慎其终也。卢循欲叛，而执手求旧，盖自信道也。桓玄震威，而抗对不屈，盖有大节也。

> 大凡古今人情，莫不畏威而苟免，忘义而避疑，好名而昧实，党势而忍孤，饰行而畏累，自是而非人。孰有道尊一代，为贤者师，肯以片言而从其人乎？孰有宿禀胜德，为行耿洁，肯交醉卿，而高其达乎？孰有屈人师之尊，礼斥逐之客，而伸其贤乎？孰有拒盛名之士，不与于教，而克全终乎？孰有义不避祸，敦睦故旧，而信道乎？孰有临将帅之威，在杀罚暴虐之际，守道不挠，而存其节乎？此故远公识量远大，独出于古今矣。

其次，慧远的莲社念佛行动的象征意义深远，并被当前中国佛教宗派中影响最大的净土宗推为初祖。当慧远栖止匡庐，隐居以求志之时，众僧云集，勤修净行，同法餐风，栖迟道门。虽然从严格学术立场审视，慧远并非后世以"持名念佛"为特征的净土宗的创立者，他和后世净土宗各祖师之间也没有直接的联系。净土宗的真正发展，要等到七十年后他的同乡后辈昙鸾那里才真正展开。倡导持名念佛的净土宗，它的立祖之说起于宋代。四明宗晓以庐山慧远为莲社始祖，善导、法照、少康、省常、宗赜五人继之。后来四明志磐改立慧远、善导、承远、法照、少康、延寿、省常为莲社七祖。明清之际又加推袾宏为八祖。清道光时，悟开更加推智旭为九祖，实贤为十祖，际醒为十一祖。晚近印光又改推行策为十祖，实贤、际醒递降为十一祖、十二祖。印光的门下也加推他为十三祖。在净土宗历史上被推为祖师的，大都是因为他们对弘扬净土法门有特殊贡献的缘故，并非像他宗的法系那样有前后传承的关系。但是净土宗被定名"莲社"，恰是以慧远的活动为标志的。虽然他所主张的念佛是观想念佛，而这种念佛方式不是净土修行的主流。

再次，慧远的佛学思想具有综汇各家、孤明先发的特征。当他号召结社念佛之时，他是否业已预见到净土思想日后会成为遍布中国大地的修行方式？值得注意的是，慧远的预见性还表现在他的很多思想的预言性特征，正如后人所称赞的那样，他"未见涅槃，即宣常住；未见《行愿》，普导西去"。这种思想的预言性正是奠基在他对佛门各种理论的辨析分毫的基础上，所以这种预言虽然具有提前量，却能够"暗与经合"，最后都被后来翻译的经典所证实了。这种以真理为归而非以某一经典为归的精神正是佛教的根本主张。因为在《涅槃经》中就有"依法不依人，依义不依语，依智不依识，依了义经不依不了义经"的话。慧远的这一天赋甚至影响到他的弟子，道生就是其中最为出色的一位。这使他能够在般若思想的巅峰之时，质疑其空的信仰效用，针对性地提出"法性论"。在他之后，佛性论思想果然代替般若学成为主流。他对于中国佛教的思想构建付出极大的心血，如《高僧传》所言："葱外妙典、关中胜说，所以来集兹土者，远之力也。"他致力于大力引进禅学、戒律学和毗昙学，这些理论都构成了南北朝时期南方佛学的思想主流，正如20世纪国学大师陈寅恪在《大乘义章书后》所言："当六朝之季，综贯包罗数百年间南北两朝诸家宗派学说异同之人，实为慧远。"在他之后，融合精神就成为中国佛教的主导性倾向了。

最后，慧远是佛教信仰民间化的最初的思考者。在这一方面，慧远有两大功绩：一是宣扬佛教因果报应观念，二是奠定了民间说法时的唱导传统。唱导是民间斋会时的说法行为，自庐山慧远以后，行唱导者渐多。南北朝时期就有"无遮大会"。唐宋以后，民间说法渐成气候，诵经、讲经、斋会、法会等佛教范畴的法事愈来愈多，唱导渐渐成为民间说法的主要形式，并且与感应传、往生传、灵验传、变文等佛教民间文学形式有密切的联系。因果报应是佛教的固有内容，也是我国民间普遍流传的宗教理念，乃至构成了民众对佛教的理解范式，因此古代的乡民普遍相信因果报应、生死轮回、天堂地狱之说。慧远对因果报应观念的宣传对于佛教的民间化、通俗化趋势贡献尤为重大。

文化会通的巨匠

在今天文化多元化的时代，尤其要从慧远思想那里汲取资源。慧远作为一个文化巨子，我们对其思想的评价也不能局限在佛教内部，尚需从文化角度进行思考。

首先，慧远的三教一致论影响深远。慧远的时代是儒佛道三教并存的时代，而三教之间的论衡也逐渐热烈。在这个问题上，慧远的三教一致思想成为历代三教论的主流倾向。

其次，慧远还对中印文化沟通作出了一定贡献。在两晋时期，中印文化的交流主要通过译经来体现。在这一方面，当时的一些著名的译师如鸠摩罗什、昙无谶等人贡献最大。但是他们毕竟是外国人。就中国人而言，道安师徒对佛经翻译做了很多工作，道安曾提出"五失三不易"的翻译原则，可谓对当时的佛典翻译作出总结，并且为许多译经作序；慧远则更进一步，以一个平常的中国人身份主持佛经翻译。他邀请僧伽提婆、昙摩流支翻译缺漏的重要经典，甚至将他们延请到庐山进行翻译工作。这在当时也是仅见的。慧远的声名不仅流播在东土，甚至传到了国外，据说在当时，外国众僧咸称汉地有大乘道士，每至烧香礼拜，辄东向稽首献心庐岳。由此可见，慧远在当时是享有国际声誉的佛学家。

最后，慧远的人文形象值得注意。慧远的影响力不局限在佛门，还成为东晋文化的标志性人物。他与陆修静、陶渊明、谢灵运等人交往的传说被历代诗人所题咏，"虎溪三笑"的故事古今流传。此外，慧远对文学创作的影响也值得注意。慧远有出色的文学才华，擅长当时流行的各种文体创作，例如序、赞、铭、论、诗等文学形式。他用词准确典雅，直抒胸臆而又不失高致。据当代学者曹虹的研究，慧远在文辞、文体、感兴、形象等问题上都有很出色的见解。

慧远与庐山文化

庐山位于江西省北部,九江市以南。它"苍润高逸,秀出东南",濒临鄱阳湖,耸立在长江南岸,有"匡庐奇秀甲天下"的美誉。庐山自古以来深受众多的文学艺术家的青睐,并成为隐逸之士、高僧名道的依托,具有深厚的人文底蕴。庐山和佛教的关系一向比较紧密。东汉灵帝时,安世高常游此山;其后,僧众来此者颇多。慧远和慧永的到来无疑加重了庐山的佛教色彩。雷次宗、陶渊明、谢灵运、陆修静、白居易、周敦颐、朱熹等名僧、名士和著名学者定居于此,庐山的文化气质逐渐地显露出来,成为江南人文之山。据统计,历代歌咏庐山的诗词有四千余篇。

慧远是庐山文化性格的缔造者,他主要的学术活动都在庐山展开,庐山业已与慧远,进而与净土修行传统结成一体。慧远之时,庐山处于极盛时期,寺院多达数百,成为天下释子共同的归趋所在,乃至逐渐成为佛教圣地。此时,中国佛教也进入全面发展的时期,全国有两大佛学中心:北方鸠摩罗什的长安逍遥园和南方慧远的庐山东林寺。天竺西域的僧侣源源不断地来到这两个中心弘法,而中土的贤良俊杰也不断地到这两个中心学佛参道,慧远又广为招请西域沙门前来庐山从事佛典翻译。如僧伽提婆曾来此山弘法译经,译出《阿毗昙心论》《三法度论》等;佛驮跋陀罗于此译出《达磨多罗禅经》等;另外

149

一位高僧佛陀耶舍亦尝至此。四方前来参集之众多达三千，庐山不仅成为当时南地佛典翻译的大道场，更蔚为南方文化中心。其后桓玄禁佛汰僧，独有此山得以幸免于难。慧远所创造的佛教净土宗又名为"庐山流""庐山莲宗"，成为当今影响最大的佛教宗派；净土宗的法衣又称为"庐山衣"，和慧远共同结社念佛的同仁有十八人之多，他们是慧远、慧永、慧持、道生、昙顺、慧睿、昙恒、道昺、昙诜、道敬、佛陀耶舍、佛驮跋陀罗、刘遗民、张野、周续之、张诠、宗炳、雷次宗等，这十八人被后人称为"庐山十八贤"。庐山成为人文之山，与慧远有极大的关系。

慧远长期居住的东林寺无疑是庐山最重要的文化遗迹之一。在庐山，慧远首先住在西林寺（慧永所建），后来又以东林寺为主要根据地，世称东林、西林二寺为庐山的"二林"。此外，慧远还建般若台精舍，安奉阿弥陀佛像，作为净土宗修行的根本道场。在这些场所中，最重要的无疑是东林寺。东林寺一直完好地保存至今，成为今天庐山胜景之一。从地理学角度看，东林寺在山谷中，正对着庐山的香炉峰，四周山峰环合四抱，如同城郭一样，有所谓"洞尽山美，却负香炉之峰，傍带瀑布之壑"之称。东林寺外面有一条山涧，后名为虎溪。东林寺风景秀丽，洞尽山美，旁边有一条瀑布之豁。东林寺也成为人地交美的象征之一，正如唐代文学家李邕在《东林寺碑》中所言："古者将有圣贤，必应山岳。尼丘启于夫子，鹫岭保于释迦，衡皋之托思，天台之栖颛，岂徒然也！故知土不厚，则巨材不生；地不灵，则异人不降。阴骘潜运，玄符肇开，宿根果于福庭，大事萌于净土，其来尚矣。"在此，李邕将慧远与东林寺的关系比作孔子与尼丘、鹫岭与佛陀、衡山与慧思、天台山与智顗的关系。这是很高的评价。唐代李演在《远公影堂碑》中更夸赞道："虎溪为释氏龙门，庐阜即缙绅阙里也。"20世纪学术大师胡适在游学庐山后也评价道："慧远的东林寺代表佛教中国化和中国佛教化的大趋势；白鹿洞书院代表中国近代700年的宗学大趋势；牯岭代表西方文化侵入中国腹地的大趋势。"初建于南唐时代的庐山白鹿洞书院因朱熹重修而名满天下，朱熹在此建立了严格的书院规章制度，胡适称赞它是最早的书院，是书院的"四大祖宗"（白鹿洞书院、岳麓书院、石鼓书院和应天府书院）之一。朱熹时代的白鹿洞书院充满了理学精神，所以胡适说它代表了中国近代七百年的宗学大趋势。庐山牯岭的开发是西方人占主导的，后来在此所建造的西洋各国别墅群闻名遐迩，所以胡适说它代表了西方文化侵入中国腹地的大趋势。由此可见，慧远所构造的佛教文化与朱熹所推行的理学文化以及近代以来的西方文化形成有趣的对峙，东林寺成为庐山佛教的象征，而慧远是东林寺的灵魂。

附 录

年 谱

334 年（东晋成帝咸和九年）　　出生于并州雁门郡楼烦县，俗姓贾，世为冠族。

337 年（成帝咸康三年）　　其弟出生，后与慧远同时出家，法名慧持。

346 年（穆帝永和二年）　　与弟慧持随舅父令狐氏南适豫州颍川之许昌、洛州游学，为书生，主要学习儒家经典和老庄著作。

354 年（穆帝永和十年）　　与弟慧持适并州太行、恒山建寺塔，随道安出家，法名慧远。

357 年（穆帝升平元年）　　开始讲法，并引用庄子义为惑者解释，道安特许慧远读俗书。

361 年（穆帝升平五年）　　因旱蝗、寇赋纵横，随道安等五百余众入王屋女机山。

363 年（哀帝兴宁元年）　　随道安出女机山，渡河南至陆浑山。

364 年（哀帝兴宁二年）　　燕军攻拔许昌及汝南诸郡，随道安南投荆州南阳。

367 年（废帝太和二年）　　随道安至梁州襄阳。

373 年（孝武帝宁康元年）　　随道安赴江陵。

374 年（孝武帝宁康二年）　　随道安由江陵还襄阳，道安建檀溪寺。

375 年（孝武帝宁康三年）　　与道安铸六释迦佛像，秦王符坚遣使送道安弥勒佛像。

376 年（孝武帝太元元年）　佛像成，作六佛像颂。

378 年（孝武帝太元三年）　秦将苻丕寇城，以秦军临城，道安命众分散。
与弟慧持等十数人至荆州上明寺。

383 年（孝武帝太元八年）　因与慧永有罗浮山之旧约，遂与弟慧持南下。
至江州浔阳，见庐山清秀，而慧永亦在此山中。遂居止庐山龙泉精舍。

384 年（孝武帝太元九年）　荆州刺史桓伊在西林寺之东为慧远建造东
林寺。

385 年（孝武帝太元十年）　道安圆寂于秦长安五级寺。

386 年（孝武帝太元十一年）　东林寺成，自是居东林寺，"影不出山，迹
不入市"，潜心向佛，终成一代佛学宗师。

391 年（孝武帝太元十六年）　僧伽提婆自洛阳来庐山，应慧远之请译
《阿毗昙心论》，译成，慧远作序。

398 年（安帝隆安二年）　桓玄带军经过庐山，要慧远迎接，慧远称病不
出。桓玄自入山，及见慧远，不觉礼敬。出山后谓左右曰：实乃生平
所未见。

399 年（安帝隆安三年）　慧持辞别，赴成都宣传净土教。

401 年（安帝隆安五年）　鸠摩罗什到达长安，慧远写信致意。就佛学问
题往返酬答，互通知识，这些信件被辑为《大乘大义章》。应鸠摩罗什
和姚兴之请，慧远为《大智度论》作序。

402 年（安帝元兴元年）　与弟子刘遗民、宗炳等 123 人在庐山般若云台
精舍阿弥陀佛像前，念佛立誓往生弥陀净土，这一宗教实践被视为中
国净土宗成立的象征；此年桓玄篡权，改年号为太亨。桓玄写信招安，
遭到拒绝。

403 年（安帝元兴二年）　桓玄和慧远往复辩难，讨论沙门礼敬王者问题。
不久慧远写成《沙门不敬王者论》。

408 年（安帝义熙四年）　　竺道生自长安挟僧肇《般若无知论》以归，后
刘遗民致信僧肇，切磋佛法。

416 年（安帝义熙十二年）　　圆寂于庐山东林寺，享年 83 岁。浔阳太守阮
侃于庐山西岭凿圹开冢，谢灵运撰碑铭，宗炳立碑于东林寺门。

主要著作

慧远的著作后人曾集十卷五十余篇，但大多散失。现保留下来的论文
有《沙门不敬王者论》《明报应论》《三报论》以及《大智论钞序》等。
此外还有大量信、铭、赞、记、诗等，收在《出三藏记集》《弘明集》和
《广弘明集》中。

参考书目

1.《庐山慧远法师文钞》，庐山东林寺印经处，2006 年。

2. 方立天：《慧远及其佛学》，中国人民大学出版社，1984 年。

3. 曹虹：《慧远评传》，南京大学出版社，2002 年。

4. 区结成：《慧远》，东大图书公司，1990 年。

5. 龚斌：《慧远法师传》，江西人民出版社，2008 年。

6. 释大安主编：《超越千载的追思——纪念慧远大师诞辰 1670 年》，宗
教文化出版社，2008 年。

7. 吕澂：《中国佛学源流略讲》，中华书局，2004 年。

8. 汤用彤：《汉魏两晋南北朝佛教史》，北京大学出版社，1997 年。

9.《中华佛教百科全书》，中华佛教百科文献基金会（台湾省），2002 年。